라이프 업

라이프 업

지은이 조 크리스
펴낸이 김명식
펴낸곳 (주)넥서스

초판 1쇄 인쇄 2015년 1월 30일
초판 1쇄 발행 2015년 2월 5일

출판신고 1992년 4월 3일 제311-2002-2호
121-893 서울시 마포구 양화로 8길 24
Tel (02)330-5500 Fax (02)330-5555
ISBN 979-11-5752-251-4 03230

저자와 출판사의 허락 없이 내용의 일부를 인용하거나
발췌하는 것을 금합니다.
저자와의 협의에 따라서 인지는 붙이지 않습니다.

가격은 뒤표지에 있습니다.
잘못 만들어진 책은 구입처에서 바꾸어드립니다.
www.nexusbook.com
넥서스CROSS는 (주)넥서스의 기독 브랜드입니다.

열정적 삶을 위한 인생 지침

Life
라이프 업
UP

조 크리스 지음

넥서스CROSS

저는 조 크리스 교수와 친구로서 오랜 시간 동안 함께해 왔습니다. 그는 열정의 사람입니다. 하나님에 대한 열정, 사람들에 대한 열정, 인생에 대한 열정을 항상 느끼게 합니다. 이제 그 열정이 이 땅에 사는 젊은이들을 향하고 있습니다. 우린 그런 그의 열정을 이 책에서 뜨겁게 느낄 수 있습니다. 그가 지금까지 살아온 삶의 열정이 깊이 묻어나는 글들입니다.

그는 인생이라는 여정에 입문하는 젊은이들에게 자신의 삶을 통해 진솔하고 간절하게 인생에 관한 핵심적인 내용들만으로 멘토링을 하고 있습니다. 저도 이 책을 읽으면서 무릎을 치며 소리 쳤습니다.

"그래, 바로 이것이었어!"

특별히 경쟁 사회에 내몰려 쫓기듯 살아가느라 피곤하고 지친 우리의 젊은이들이 꼭 한 번 읽어 보기를 바랍니다. 이 안에는 젊은이들과 함께 나누고 싶은 희망과 용기의 메시지가 담겨져 있습니다.

조 크리스 교수는 독자들이 다시 생각하고, 다시 일어나고, 다시 시작할 수 있는 신선하면서도 강력한 도전과 사랑 어린 격려를 하고 있습니다. 분명히 이 책을 통해 여러분이 가고자 하는 인생의 길에 흔들리지 않는 중요한 초석들을 놓을 수 있을 것이라고 저는 확신합니다.

진재혁
지구촌교회 담임목사

혹시 무협지를 읽어 보셨습니까? 무협지라 하면 김용의
《사조영웅전》,《신조협려》,《의천도룡기》가 압권이죠. 이런 종류
의 책을 보면 엄청난 내공을 가진 고수들이 등장합니다. 그런데
고수는 보통 사람들의 예상을 빗나가는 모습을 보입니다. 술이
들어 있는 호리병을 들고 '허허허' 웃으면서 나타나 세상을 유랑
하지요. 별 볼 일 없는 것처럼 보이기 위한 일종의 위장술입니다.

한 단계 더 나아가면 초고수가 존재합니다. 이들의 특징은 무
엇일까요? 놀랍게도 초고수의 반열에 오르면 보통 사람들인 '
범인'과 동일한 모습을 보입니다. '고수'나 '초고수'의 공통점은
싱겁게 웃기거나 속이 없는 사람처럼 행동한다는 것입니다. 자
신들의 내공을 그런 식으로 숨기는 것이지요. 이 책의 저자인 크

리스 교수님이 바로 그들과 같습니다.

이분을 처음 만났을 때 저의 솔직한 심정은 '이런 사람도 교수를 하나?'였습니다. 그런데 30분 정도 대화가 진행되고 난 이후부터 지금까지, 저는 크리스 교수님을 만날 때마다 두려움과 비슷한 감정에 사로잡혀 있습니다. 삶을 꿰뚫는 통찰, 인간을 향한 연민의 정, 조건 없이 베푸는 사랑의 수고, 수많은 시련과 아픔을 경험한 생의 이력, 삶에 대한 진지함과 열정. 이 모든 것을 한 사람의 인생 안에서 확인할 수 있었기 때문입니다. 거기서 뿜어져 나오는 삶에 대한 훈수와 식견은 상상을 초월합니다. 그의 입에서 정확하면서도 깊은 이야기들이 '초'를 건너뛰면서 터져 나옵니다.

"아, 초고수란 이런 사람이구나!"

이렇게 탄식을 쏟아 내게 되는 것이죠. 교수님을 표면적으로만 아는 사람들에게 영어 표현 하나를 소개하고 싶습니다.

'Tip of iceberg.'

빙산의 일각이라는 말입니다. 일각의 빙산의 수면 아래에는 그것의 수십 배 크기의 빙산이 존재합니다. 크리스 교수님은 자신의 내공을 철저하게 감추는 밉지 않은 'impostor(사기꾼)'입니다. 사람 좋아 보이는 헐렁한 동네 아저씨로 자신을 위장하는 것이지요. 그렇게 생각하는 순간 그에게 속아 넘어가는 것입니다.

독자 여러분! 그에게 속지 마십시오. 겸손히 머리를 조아리고 무릎을 꿇은 채, 삶이 무엇이며, 인생이 무엇인지를 그에게 물어보십시오. 그런 자세를 취할 만한 가치가 있는 분입니다.

이 책을 열어 보시면 초장부터 "과연 그렇구나"를 확인할 수 있을 겁니다. 인생에 대한 천편일률적인 모범 답안이 아니라 우리의 지식과 예상을 벗어나는 놀라운 가르침들이 쏟아질 것입니다. 그가 내비게이션이 되어 안내하는 길대로 따라가다 보면 어느새 여러분은 삶의 목표 지점에 도달해 있을 것입니다.

모든 연령의 사람들이 이 책을 봐야 하지만, 특별히 젊은이들은 평생 동안 이 책을 곁에 두고 안내를 받으십시오. "크리스 교수님 때문에 제 삶은 영광되고 복된 길로 오게 되었습니다"라고 고백하게 될 것입니다.

김관성
덕은침례교회 담임목사, 《살아 봐야 알게 되는 것》의 저자

　　성공, 나는 그 단어와 그리 친숙하지 않다. 인사치레로
라도 나에게 "성공했네요"라고 한마디 건네는 사람이 이제까지
없었다. 그래도 나는 아무 상관없다.

　우리가 살고 있는 이 사회는 성공에 미쳐 있다. 우리는 성공이
라는 신기루(mirage)를 잡으려고 우리의 모든 것을 건다. 성공해
야 인정을 받기 때문이다. 성공해야 다른 사람들의 눈에 내가 행
복해 보일 것이라 믿기 때문이다. 그런 것이 성공이라면 과연 자
신이 성공했다고 생각하는 사람들이 몇 퍼센트나 될까? 누가 성
공한 사람일까?

　오로지 성공에 매달려 치열한 경쟁 사회 속에 살아가며 몸부
림치는 수많은 젊은이들. 그들은 초등학교 시절부터 성공이라는

단어에 시달려야 한다. 어쩌면 훨씬 그 이전부터일지도 모르겠다. '1등', '최우수상', '대상'이란 말을 들으면서 자란 우리의 젊은이들을 바라보고 있자면 나오는 것은 탄식이요, 그저 안타까운 마음만 들 뿐이다.

지난 몇 년 동안 우리가 살고 있는 대한민국에는 각종 서바이벌(survival) 게임이 성황이었고 여전히 그 열기는 식을 줄 모르고 있다. 방송국마다 최고의 연예인을 뽑기 위해 혈안이다. 그곳에선 오로지 최고만이 살아남는다. 2등에게는 어떤 상금도 보상도 주어지지 않는다. 1등만이 의미 있을 뿐이다.

내가 몸담고 있는 대학에 실용음악과 보컬 부문의 경쟁률은 100대 1이 넘는다. 이렇게 높은 경쟁률을 뚫고 입학한 학생들은 어느 정도 성공했다고 볼 수 있다. 그러나 이들 가운데 과연 몇 명이 가수로서 성공할 수 있을까. 오늘날 우리 사회는 엘리트, 최고, 1등, 대박 신화만이 성공의 상징으로 존재한다. 그럼 나머지는 낙오자들이고 실패자들이며 성공에서 거리가 먼 삶을 살고 있는 것일까? 김연아, 스티브 잡스, 빌 게이츠, 박지성, 안철수, 이

건희처럼 자기 분야에서 최고가 된 이들을 부러워하며 우리는 스스로를 실패한 인생이라 여기면서 한탄하며 살아야 하는가.

나는 이 책을 쓰면서 '나는 과연 성공했는가'라는 질문을 스스로에게 던져 보았다. 나는 과연 성공적인 삶을 살고 있는가. 난 전교 1등은커녕 반에서 1등을 한 번도 해 본 적이 없다. 초등학교 시절 아무나 다 해 본다는 줄반장도 해 보지 못했다. 명문 대학을 졸업한 것도 아니다. 미국이라는 나라가 아니었다면 난 대학에 가지도 못했을 것이다.

꼭 공부가 아니더라도 내 직업에서는 어떠한가? 나는 지난 15년 동안 목회자로서 보냈다. 성공한(?) 목사라고 하면 최소한 수천 명의 교인이 있는 교회의 목회자여야 하는데 난 그 근처도 가지 못했다. 그렇다면 난 목회자로서 실패했는가?

고급 외제차를 몰고 다니고 고급 아파트나 빌라에 살고 있는가? 그것도 아니다. 나의 자녀들이 미국의 명문인 아이비리그 대학을 다니고 있거나 뛰어난 수재인가? 그것도 아니다. 그럼 나의 외모는 어떤가? 165센티미터의 작은 키에 평범한 외모의 소유자이다.

그래! 지금 우리가 생각하는 보편적이라는 성공의 기준대로라면 나는 누가 보아도 성공한 인생과는 거리가 멀다. 이것은 비단 나에게만 해당하지 않을 것이다. 사람들이 정의하는 성공에 의하면 최소한 95%의 사람들은 성공하지 못한 것이고, 별로 행복하지 않다는 결론을 내려야 한다. 대부분의 사람들은 최고도 아니고 1등도 아니기 때문이다. 하지만 나는 세상 사람들이 말하는 성공에 동의할 수 없다. 진정한 성공이란 절대적인 기준이나 잣대로 판단할 수 없다. 사람마다 살아가는 방식이 다르고 지향하는 바가 다르기 때문에 성공한 인생이란 사람마다 다르다. 다만 어떻게 하면 성공한 인생을 살아갈 수 있는지, 그 방법은 이야기할 수 있다.

난 이 책에서 젊은이들에게, 평범한 인생을 살고 있는, 꿈도 있고 열정도 있지만 누가 뭐라 해도 엘리트와는 거리가 먼, 대박 신화와는 상관없는 대부분의 평범한 젊은이들에게, 평범한 인생을 살고 있는 한 사람으로서 어떻게 살 것인가에 대해 본질적인 이야기를 하고 싶다. 그리고 누구나 각자에게 맞는 평범한 성공이 있다는 것을 나누고 싶다.

나의 인생을 주관적인 관점에서 한번 들여다보았다.

나는 행복하다(I am happy).

나의 인생은 의미 있다(My life is meaningful).

나의 인생은 풍요롭다(My life is abundant).

나의 인생은 재미있다(My life is fun).

나의 인생은 흥미진진하다(My life is exciting).

나의 인생은 모험적이다(My life is adventuresome).

나는 사람들을 사랑한다(I love people).

나는 많이 웃는다(I laugh a lot).

나는 내 인생을 사랑한다(I love my life).

나는 인생을 즐긴다(I enjoy life).

나는 그래서 내 인생을 성공했다고 본다(My life is successful!).

이 책은 백석예술대학교에 교양학부 교수로 부임한 후 첫 학기를 마치면서 시작했다. 한 학기가 끝나 갈 때쯤 함께했던 젊은이들을 더 이상 이대로 보고 있을 수만은 없겠다는 안타까운 마음이 들었기 때문이다. 그리고 이들에게 자신의 인생에 대한 강한 임팩트(impact)를 남겨 주고 싶었다. 내가 대학을 다니던 시절에 누군가가 내게 멘토로서 이런 이야기를 해 주었다면 내 인생이 조금이나마 더 나아지지 않았을까 생각했기 때문이다.

교수의 마음으로, 아버지의 마음으로, 인생의 선배로서 젊은이들과 인생과 성공이라는 주제를 가지고 이 책을 나눌 때 젊은이들의 가슴속에 울림이 있기를 바란다.

2015년 을미년을 맞이하며
조 크리스

차례

1장 / 태도 Attitude

2장 / **습관 Habit**

3장 / **가치 Worth**

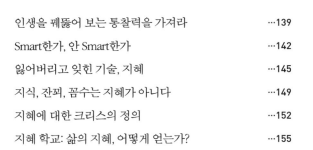

4장 / 열정 Passion

5장 / 지혜 Wisdom

6장 / 독서 Books

7장 / 멘토 Mentor

1장

태도

Attitude

• • • • •

때로는 인생이 벽돌로 너의 머리를 내려칠 때가 있다. 그래도 믿음을 잃지 마라!

Sometimes life hits you in the head with a brick. Don't lose faith.

_스티브 잡스(Steve Jobs), 2005년 6월 12일 스탠퍼드 대학교 졸업 연설 중에서

100점짜리 태도가 100점짜리 인생을 만든다

살아 보니까,
누군가가 뒤에서
뒤통수를 치든지
비수로 찌르든지
엎어치기를 하는 때가 있더라.

상상할 수도 없는 일
정말 이럴 수가 있을까,
이것이 과연 현실에서 벌어지는 것이 가능할까
입이 쩍 벌어지는 일이
한두 번은 꼭 일어날 거야.

맑은 하늘에 날벼락이 떨어지는 일이 있더라도
하늘을 원망하지 마라!

바로 그 사건이야말로,
네가 '무엇으로 만들어진 존재인가'를 테스트하는 거란다.
니체가 이런 말을 했다고 하지.

What doesn't kill you only makes you stronger.

직역을 하면, "너를 죽이지 못하는 것은 너를 더 강하게 만들
뿐이다"라는 의미인데, 즉 살아남으면 더 강해진다는 뜻이다.

온 우주가 너를 배반하고 저버린다 해도
꼭 살아남아라!

네 안에 있는 믿음을 포기하지 마라.
네 안에 있는 열정을 믿어라!

· 라이프 업

살아 보니까
세상이 그리 두렵지만은 않더라.

어린 시절부터 나는 작은 키 때문에 자존감이 낮았고, 심리적으로 많이 움츠러져 있었다.

특히나 매 학기의 첫날이 너무나 싫었다. 그날은 반드시 치러야 하는 통과의례가 있었다. 70명 정도 되는 모든 학생이 복도로 나가 일렬로 서야 했고, 선생님은 모든 학생을 키 순서대로 세웠다. 늘 앞 번호를 차지하던 우리들은 고만고만한 키를 조금이라도 더 커 보이게 하려고 눈에 띄지 않게 슬그머니 까치발을 했다. 그러면 선생님은 귀신같이 알아차리시고 지나가시면서 우리의 머리를 쿡 누르셨다. 0.1센티미터라도 더 커 보이고 싶은 욕망의 크기만큼이나 우리의 자존감은 아래로 꺼져 내리고 말았다.

초등학교 1학년부터 시작된 이 키 재기 게임은 중학교와 고등학교를 거치는 동안에도 끝나지 않고 계속되었다. 매 학기가 시작하는 날이면 어김없이 의식처럼 이 행사를 치러야 했고, 나의 자존감은 여지없이 무너져 버렸다. 어린 시절 즐겨 불렀던 〈우리의 소원은 통일〉이라는 노래를 나는 〈나의 소원은 제발 10번만

넘어가 줘〉로 바꿔 불렀다. 그러나 불행하게도 나는 그 10번을 단 한 번도 넘어가 보지 못하고 학창 시절을 마감했다.

나는 사춘기, 청년기를 보내면서 '나보다 키 큰 여자를 좋아하게 되면 어떻게 하지?'라는 쓸데없는 고민에 빠지기도 했다. 여담이지만, 다행인지 불행인지 나는 나보다 딱 1센티미터 작은 여자와 결혼했다.

미국으로 이민 간 지 2년 만에 정말 힘들고 어렵게 대학에 들어갔다. 미국은 대학에 입학하면 일반적으로 첫해에는 기숙사에 들어가 룸메이트들과 함께 살아야 한다. 그때 정말 많은 고민을 했다. 영어도 힘든데 원어민인 룸메이트들과 24시간 내내 함께 살아야 한다고 생각하니 앞이 깜깜했다.

"아, 나 영어 잘 못하는데!" "미국 문화도 잘 모르는데!" "한국 음식은 어떡하지!" "동양인이라고 얕보면 어떡하지." 이런저런 걱정과 생각이 참 많았다. 그런데 7명의 친구들과 함께 살아 보니, 내 걱정과 우려는 기우에 불과했다.

그렇게 일 년을 함께 뒹굴면서 살아 보니 사람들은 다 그 나름의 장점도 있고 단점도 있었다. 돌이켜보면 한 번도 이런 공동체 생활을 해 보지 못했던 나에게 기숙사 생활은 엄청난 특권이었고 축복이었다.

기숙사 생활 초창기의 어느 날이었다. 같은 방 룸메이트였던 데니와 함께 카페테리아에서 밥을 먹다가 영어 때문에 힘들어하던 나에게 데니가 "넌 영어를 우리만큼 잘하지 못하지만, 한국말은 우리보다 잘하잖아!"라고 말해 주었다. 그렇지! 난 한 번도 그런 관점에서 생각해 본 적이 없었다. 나는 늘 내가 못하는 것, 할 수 없는 것만 생각하고 있었다. 그런데 데니의 그 말 한마디가 나에게 엄청난 자극을 주었다.

나는 그 친구들과 일 년 동안 함께 살면서 사람들은 각자 자기 모습대로 살아가고 있고, 누구에게나 부족하고 연약한 점들이 있다는 것을 깨닫게 되었다. 그러나 그것들에 얽매이지 않고 살아가도 된다는 것을 알았다. 그러면서 세상을 보는 '렌즈'를 갈아 끼울 수 있었다. 나는 나 자신을 바라보는 나만의 '긍정적인 태도의 렌즈'를 착용했다. 그동안 나는 내가 가진 다른 장점들이 많았음에도 그것을 보지 못했다.

내게 없는 것, 내가 가질 수 없는 것에만 집착하는 어리석음을 저지르고 있었던 것이다. 나는 내가 바꿀 수 없는 것, 나로서는 아무것도 할 수 없는 것에 얽매여 있는 자신을 발견하게 되었다. 그 후 내가 가지고 있는 것, 내가 잘할 수 있는 것에 초점을 맞추자 세상이 다르게 보이기 시작했다. 삶에 대한 나의 태도를 바꾸자 삶은 급속도로 변화했다.

세상에는 그냥 태어난 존재가 하나도 없다. 누구나 이 땅에 태어난 이유가 있고 자신만의 가치와 의미를 지니고 있다. 그 사실을 발견하는 순간 아무것도 아닌 것 같고 보잘것없어 보이던 인생이 100점 만점에 100점짜리 인생이 되었다. 이것은 비단 내게만 해당하는 이야기가 아니다. 생각을 바꾸면 누구나 삶 자체가 달라질 것임을 나는 확신한다.

삶에 대한 태도를 긍정적으로 바꾸어 보라.
여러분은 충분히 가치 있는 존재이다!

100점짜리 인생이란

영어 알파벳을 가지고 만든 재미있는 단어 게임이 있다. 우선 다음과 같이 26개의 영어 알파벳에 순서대로 점수를 매긴다.

A-B-C-D-E-F-G-H-I-J-K-L-M-N-O-P-Q-R-S-T-U-V-W-X-Y-Z
1-2-3-4-5-6-7-8-9-10-11-12-13-14-15-16-17-18-19-20-21-22-23-24-25-26

그러고는 각각의 단어에 적용해 보는 것이다. 예를 들어 보자.

H+A+R+D+W+O+R+K = 8+1+18+4+23+15+18+11 = 98

K+N+O+W+L+E+D+G+E = 11+14+15+23+12+5+4+7+5 = 96

M+O+N+E+Y = 13+15+14+5+25 = 72

L+O+V+E = 12+15+22+5 = 54

L+U+C+K = 12+21+3+11 = 47

그런데 흥미롭게도 'ATTITUDE'라는 단어에서 완벽하게 100 점이 나왔다.

A(1)+T(20)+T(20)+I(9)+T(20)+U(21)+D(4)+E(5) = 100

물론 재미로 하는 게임에 불과하지만, 이 결과는 우리에게 시사하는 바가 매우 크다. 태도가 100점인 인생은 100점짜리 인생이 될 수 있다는 의미를 전해 주고 있기 때문이다.

물론 우리가 중요하게 여기는 다른 단어들이 많이 있다. 수고, 지식, 돈, 사랑, 행운. 이 모든 것은 우리의 삶에서 반드시 필요하고 매우 중요한 것들이다. 그러나 나는 이 모든 것을 움직이는 것이 태도라고 생각한다.

주변에 우리에게 삶의 활력소를 불어넣는 사람들이 있다. 그들이 다른 사람들과 다른 이유는 무엇일까? 두말할 여지없이 삶을 바라보며 살아가는 태도에 있다고 볼 수 있다.

내가 살고자 하는 인생을 살기 위해서 첫 번째로 중요한 것이 바로 나의 '태도'이다.

여러분은 어떤 태도를 가지고 사는가? 자신의 주변에 일어나는 상황, 자신이 처해 있는 여건과 환경에 대해 어떤 태도를 취하고, 어떤 전망을 가지고 사는가?

우리 삶에는 내가 원하든 원하지 않든 수많은 일과 사건이 날마다 순간마다 일어난다. 같은 상황을 두고도 사람마다 전혀 다른 결과를 낳는 이유는 바로 눈앞에 처해 있는 상황을 어떻게 바라보고 대처할 것인지에 대한 각자의 태도가 다르기 때문이다. 이를 역으로 생각하면 그것들에 대한 나의 반응을 보면 나의 태도를 잘 알 수 있다.

바람의 방향

나는 바람의 방향을 바꿀 수 없지만, 내 목적지에 도달하기
위해 나의 항해를 항상 조정할 수는 있다.
(I can't change the direction of the wind, but I can adjust
my sails to always reach my destination.)

_지미 딘(Jimmy Dean)

그렇다! 우리는 바람의 방향을 바꿀 수 없다. 그 누구도 그렇게
할 수 없다. 바람이 언제 어디서 어떻게 불지 예측하기란 거의 불
가능하다. 얼마만큼의 세기일지도 모른다. 바람이 불어오면 우
리는 바람을 맞을 수밖에 없다.
바람은 우리 삶에 불어닥치는 많은 일들이나, 내가 어떻게 할

· 라이프 업

수 없는 삶의 여건들일 수도 있다. 그렇다고 바람만 탓하고 있을 것인가? 불어오는 바람에 대응하는 방법이 곧 우리의 태도이다. 아무리 대단한 강풍이 몰아친다고 해도 내 항해(꿈, 비전, 목적지, 목표)를 포기할 수는 없지 않은가? 바람을 탓하면서 넋두리만 할 것인가?

나는 젊은이들에게 종종 이런 질문을 한다.

"여러분은 온도계와 같은 사람인가요? 아니면 온도 조절기 와 같은 사람인가요?"

온도계는 날씨의 변화에 있는 그대로 반응한다. 기온이 떨어지면 날씨에 따라 수은주가 내려가 버린다. 기온이 영상으로 올라가면 수은주 역시 따라 올라간다. 반면에 온도 조절기는 내가 원하는 적절한 온도로 조절할 수 있다. 너무 추우면 내가 원하는 적당히 따뜻한 온도로 올리면 되고, 너무 더우면 내가 상쾌하게 느낄 수 있는 시원한 온도로 맞추면 된다.

사람들의 감정은 이런 온도계와 같다. 주변 환경에 따라 민감하게 반응해서 감정의 수은주가 오르락내리락한다. 일상에서 일

어나는 일들에 어떻게 반응하는가? 좋은 일이 일어나면 감정 수은주는 쭉 올라가는 반면에, 기대하지도 원하지도 않는 사건들이 발생하면 곧 부정적인 수은주로 변해 바닥을 치고 있지 않은가? 하루하루 내 감정을 자극하고 부정적인 태도를 취하도록 나의 감정을 장악하려는 요소들은 우리 주변에서 끊임없이 생겨난다. 여기에 휘둘리지 않고 감정의 일정한 온도를 유지하기 위해서는 '태도'라는 온도 조절기를 갖춰야 한다.

성능이 뛰어난 온도 조절기는 외부의 기후 변화가 아무리 심하다 할지라도 일정한 온도를 유지할 수 있도록 해 준다. 만약 우리가 이런 온도 조절기와 같은 확고부동한 태도를 취한다면 우리에게 어떤 예기치 않은 사건이나 원하지 않는 일이 벌어지더라도 주변 상황에 휩쓸리지 않고 그것에 대하여 주도적으로 반응할 수 있다. 그러므로 내 감정을 장악하고 생각을 바로잡으며 마음의 평정을 이루게 하기 위해서는 올바른 태도라는 온도 조절기를 갖춰야 한다.

세 부류의 사람

세 부류의 사람이 있다. 긍정적인 사람, 부정적인 사람, 그리고 아무것도 상관하지 않는 사람.

긍정적인 사람이야 두말할 필요가 없겠지만 문제가 되는 것은 두 번째와 세 번째의 경우이다. 이 세 부류 중 여러분은 어느 쪽에 더 가까운가?

시험이 끝나고 난 뒤 나는 학생들의 재미있는 반응을 본다. 기대에 못 미치는 점수를 받은 학생 중 많은 수는 교수나 옆에 있는 친구들에게 "시험 문제를 너무 어렵게 출제했다"라고 불평한다. 또는 갑작스럽게 일어난 일들 때문에 시험공부를 제대로 할 수 없었다고 핑계를 대거나 교수가 잘 가르치지 못해서 그렇다고 이러쿵저러쿵 원망을 하는 등 부정적인 태도를 보인다.

　지금까지 내가 만난 부정적인 사람들은 항상 불평하고 원망하면서 남의 탓을 했다. 불평할 거리를 찾고, 원망의 대상을 찾는다. 불평이나 원망은 누구나 아무나 할 수 있다. 가장 쉽게 할 수 있는 선택이다. 중요한 점은 그렇게 불평하고 원망을 해 봐야 변하는 것이 하나도 없을 뿐 아니라 나에게 도움이 될 만한 상황으로 바뀌지도 않는다는 것이다.

　가장 애매한 경우가 어떤 상황에 맞닥뜨렸을 때 부정적인지 긍정적인지 알 수 없는 아리송한 사람들이다. 이런 부류의 사람들은 매사에 '될 대로 되라. 어떻게 되겠지'라는 태도를 취한다. 무관심일까? 상관하지 않겠다는 뜻인가? 아니면 뭔가 믿는 구석이 있기에 아무런 반응도 보이지 않는 것일까? 긍정적인 사람들은 동일한 상황에서 어떤 태도를 보일까? 그건 여러분의 상상에 한번 맡겨 본다.

삶을 바꾸는 '태도'

내가 몸담고 있는 학교는 기독교 대학이다. 모든 재학생은 학기마다 일주일에 한 시간씩 교양 필수로 기독교 수업과 예배(chapel)에 참석해야 한다. 그러다 보니 강의에 들어온 대부분의 비기독교 학생들은 첫 시간부터 아무런 기대 없이 무관심한 표정으로 수업에 들어와 앉아 있다. 그나마 이 정도면 양반이다.

부정적인 시각으로 수업에 임하는 학생의 경우에는 그 모습이 눈에 확 들어온다. 그런 학생들은 대개 고개를 숙이거나 멍한 표정으로 앉아 있다. 아무런 기대감 없이 앉아서 시간이나 때우겠다는 표정이다.

이런 학생들을 보면 안타깝고 측은한 마음이 든다. 아무리 자의에 의해 참여하는 자리가 아닐지라도 그렇게 아무런 목적과 기대 없이 앉아 있으니 시간을 낭비하는 것 외에는 아무것도 아니지 않은가. 앞으로 삶을 더욱 열정적으로 살아 나가야 할 청춘들의 맥 빠진 모습을 볼 때면 나는 스승으로서 내 수업을 듣는 학생들이 무엇을 배우고 가도록 할까 늘 연구하고 고민하게 된다.

첫 번째 강의는 항상 '태도(Attitude)'라는 주제로 시작한다. 인생을 살아가면서 태도가 얼마나 중요하고 우리 인생을 어떻게 좌우하는가에 대하여 내가 할 수 있는 한 최선의 방법으로 재미있고 즐겁게 강의한다. 이 첫 시간의 강의가 한 학기를 좌우하기에 혼신의 힘을 기울인다. 첫 시간에 이들의 마음을 붙잡지 못하면 학기 내내 힘들고 어렵기 때문이다. 학기를 마칠 때면 이런 나의 노력이 헛되지 않았음을 알게 된다. 학생들의 긍정적인 피드백을 받을 때면 강의한 보람을 느끼고 더욱더 열심히 해야겠다는 의욕이 불끈불끈 솟아난다.

내 자랑 같아 쑥스럽기는 하지만 강의를 들은 후 몇몇 학생들이 블로그에 올린 소감을 이 자리에 옮겨 본다.

"저는 인생을 바꿔 줄 환경이나 학력을 가지고 있지 않으니까 태도를 더 긍정적으로 바꿔야 한다는 생각이 들었어요."

"불평불만으로 모든 것을 타인의 잘못으로 돌렸던 내 모습을 되돌아보는 계기가 되는 시간이어서 좋았어요."

"살면서 많은 것이 필요하지만 제일 중요한 건 나의 태도라는 것을 깨달았습니다."

"친구들이랑 놀 때만 즐겁게 놀고 모든 것을 부정적인 시각으로 보고 부정적으로 생각하며 살았는데 앞으로 긍정적인 생각을 가지도록 노력해야겠습니다."

"학교 입학할 때의 마음과는 달리 목적을 잃어버리고 지쳐서 불평불만만 늘어놓고 있는 제 모습을 발견하게 되었습니다."

"꿈을 위해 매진하고 달려가는 것도 중요하지만 그 목표에 대한 나의 마음가짐과 태도가 참 중요하다는 것을 깨달았습니다."

죽어도 바꿀 수 없는 것들

우리가 살아가면서 죽어도 바꿀 수 없는 환경이나 여건이 있다. 나의 가족, 나의 외모(나의 경우에는 작은 키가 대단한 콤플렉스였다!), 그리고 내 인생에서 이미 벌어진 일과 과거의 사건들이다.

왜 이런 가난한 부모 밑에서 태어났지? 왜 아버지는 가장으로서의 능력이 없지? 왜 우리 부모의 학력은 이 정도밖에 되지 않지? 왜 나에게는 이렇게 형제가 많은 거야? 왜 내 키는 이렇게 작지? 왜 내 성격은 이 모양이야?

가족이나 태생적으로 타고난 문제들은 아무리 고민해 봐야 바꿀 수 있는 것이 아무것도 없다. 이런 문제들로 아무리 발악해 봐야 변하는 건 없다는 말이다.

받아들여야만 한다. 받아들여라! 수용하라! 탓하거나 원망하지 말라! 불평하지 말라! '내 불행의 시작이 이곳으로부터 왔다'라고 생각하지도 마라!

오히려 내가 이 땅에 숨 쉬고 살며 이런 생각을 할 수 있는 근원을 제공한 부모와 가족에게 감사의 마음을 가져 보라. '그런 소리는 나라도 할 수 있겠다'라면서 삐딱하게 받아들일 것이 아니라 의식적으로 그렇게 해 보라는 것이다.

나도 한때 중고등학교 시절 부모님을 원망하고, 내 외모를 탓한 적이 한두 번이 아니었다. 그러나 되돌아보면 그런 나의 태도는 내 인생에 전혀 도움이 되지 않았다. 그것은 나로 하여금 자기연민에 빠져들게 했을 뿐 아니라 스스로 자존감을 낮추게 만드는 자기 학대에 불과했다.

바꿀 수 없는 것들에 연연하고 있으면 그것이 발목을 잡고는 앞으로 단 한 발짝도 나아갈 수 없도록 만드는 족쇄가 된다는 점을 명심하라.

· 라이프 업

내 책상 앞에 라인홀드 니버(Reinhold Niebuhr)의 기도가 참 오 랫동안 붙어 있었다. 지금도 이 기도문이 나에게 얼마나 큰 위로 를 주는지 모른다.

하나님,
내가 바꿀 수 없는 것들을 받아들일 수 있는
평화로운 마음을 주시고,
내가 바꿀 수 있는 것들은 바꿀 수 있는 용기를 주시고,
또한 그 둘을 구별할 수 있는 지혜를 주소서!
(God, grant me the serenity to accept the things I cannot
change; courage to change the things I can and wisdom to
know the difference.)

나는 내가 바꿀 수 없는 것들이 너무나 많다는 것을 깨달았다. 하지만 그렇다고 해서 바꿀 수 없는 것을 수용하고 인정하는 것 이 쉽지는 않았다. 그리고 내가 바꿀 수 없는 것들로 인해 고전을 면치 못할 때가 있었다. 그러나 결국에는 하나씩 인정해 나아가 면서 마음의 평정을 찾기 시작했다. 그러자 바꿀 수 없는 것에 대 한 모든 고민은 끝!

지금 이 순간 우리 모두에게 필요한 것은 '바꿀 수 있는 것들'에 대한 태도의 변화이다. 이것은 내가 처한 상황, 환경, 여건에 대한 삶의 태도를 말한다.

자포자기할 것인가? 아니면 긍정적인 태도를 가지고 다시 한 번 도전할 것인가? 나는 어떤 상황을 마주칠 때마다 항상 나 자신에게 이러한 질문을 던진다.

"이 상태에서 내가 할 수 있는 최선은 무엇인가? 이 상황에서 내가 주도적으로 할 수 있는 일이 무엇인가?"

미국 사람들이 즐겨 사용하는 말 중에 우리에게 인생을 자기 주도적으로 살 수 있는 방법에 힌트를 줄 만한 것이 있다.

인생이 당신에게 레몬을 가져다준다면, 레몬을 가지고 레모네이드 주스를 만들어 마셔라.

(When life gives you lemons, make lemonade.)

잘 알다시피 레몬은 있는 그대로 먹기에는 신맛이 너무 강하다. 신맛이 강한 레몬과 같은 어려움과 역경이 우리 인생에 찾아온다면 우리는 어떻게 반응해야 할까?

그 레몬을 받아들고 가만히 있지 말고 단맛을 첨가한 레모네이드를 만들어 마시면 된다. 기존에 나를 붙들고 있던 생각에서 벗어나 발상의 전환을 해 보는 것이다. 이것이 바로 긍정적인 사고방식을 지닌 사람의 태도이다. 레몬의 신맛 때문에 끙끙거리고 고민만 할 것인가? 아니면 레모네이드 주스를 만드는 창의력과 아이디어를 개발할 것인가! 그것은 여러분의 선택에 달려 있다.

골리앗을 쓰러뜨린 다윗의 힘

어린 소년 다윗은 인생을 뒤바꿀 일생일대의 싸움을 시작한다. 그 유명한 자이언트 골리앗과의 한판 승부이다. 키가 3미터나 되는 거대한 골리앗과의 일대일 싸움은 누가 봐도 보나마나 다윗이 질 게 뻔했다. 하지만 다윗은 자신감 넘치는 태도를 보인다. 주변 사람들이 벌벌 떨면서 "골리앗은 너무 크고 강해서 도저히 쓰러뜨릴 수가 없어!"라고 말해도 다윗은 아랑곳하지 않았다. 오히려 "저놈이 저렇게 크니 내 물맷돌이 빗나가고 싶어도 빗나갈 수가 없네!"라고 담대하게 말한다. 그리고 전쟁터에서 잔뼈가 굵은 용사 골리앗을 물맷돌 하나로 쓰러뜨리고 만다.

이것은 구약 성경에 등장하는 다윗과 골리앗에 대한 유명한 이야기이다. 물론 성경에 없는 디테일과 상상력을 더하였지만, 다윗은 이런 비슷한 태도와 믿음을 가지고 골리앗과의 싸움에 임했을 것이 분명하다.

누가 봐도 승산이 없을 것 같은 싸움이라도 긍정적 태도를 가지고 도전할 때 기적을 이뤄 낼 수 있음을 명심하자.

애초부터 "나는 안 될 거야. 해 봐야 소용없어"라는 열패감을 보일 것이 아니라 "나라면 가능해"라는 긍정적인 마음과 적극적인 태도를 보이도록 노력해 보자.

태도 Attitude

　　　부정적이든 긍정적이든 태도에는 전염성이 있다. 항상 모든 것을 부정적으로 보는 사람들과 함께 있으면 나의 감정이나 생각도 부정적이 되고 다운되는 것을 느낀다. 그러므로 가능하면 삶을 긍정적으로 바라보는 태도와 전망을 가진 사람들과 함께하라.

한 친구가 낮은 자존감 때문에 고생을 하고 있었다. 그런데 이 친구가 다른 친구를 만나 "너는 괜찮은 친구야! 좋은 친구야!"라는 격려의 말을 들었다. 낮은 자존감으로 고생하던 친구가 삶의 활력소를 찾고 매사에 긍정적인 태도로 변했다.

이렇게 삶에 긍정적인 에너지를 줄 친구가 주변에 없거나 많지 않다면, 혹은 그들에게 먼저 손을 내밀 용기가 나지 않는다면 여러분을 위해 다음과 같은 방법을 강력 추천한다.

Recipe 1　전기를 읽어라

역경과 고난을 이겨 내고 일어선 사람들의 전기를 읽으면 삶에 대한 내 태도를 점검하고 재충전할 수 있다.

헬렌 켈러의 전기를 읽어 보라. 그녀는 태어난 지 19개월 만에 청각과 시각을 모두 잃었다. 헬렌이 7세 때 설리번이라는 가정교사를 만났고, 그녀의 헌신적인 노력으로 마침내 글을 읽고 쓸 수 있었으며, 말도 하게 되었다. 마침내 대학을 졸업하게 되고 자신과 마찬가지로 고통을 받고 있는 사람들을 위하여 강연을 하고 책을 썼다. 헬렌 켈러의 삶과 글은 지금도 여전히 좌절과 절망 가운데에 있는 사람들에게 힘과 용기를 주고 있다.

헬렌 켈러가 남긴 주옥같은 어록을 살펴보자.

"나는 눈과 귀, 혀를 빼앗겼지만, 내 영혼을 잃지 않았기에 그 모든 것을 가진 것이나 마찬가지입니다."

"세상이 비록 고통으로 가득하지만, 그것을 극복하는 힘도 가득합니다."

"우리가 할 수 있는 최선을 다할 때 우리의 삶에, 아니 타인의 삶에 어떤 기적이 일어나는지 아무도 모를 것입니다!"

"자기 연민은 최대의 적이며, 거기에 굴복하면 이 세상에서 현명한 일은 아무것도 할 수 없습니다."

Recipe 2 영화를 보라

개인적으로 나는 감동을 주는 영화를 통해서 나의 삶의 태도를 확인한다. 그러고는 주먹을 불끈 쥐고 다시 한 번 해 보자는 다짐을 한다. 〈국가대표〉, 〈포레스트 검프〉, 〈페이스 메이커〉 같은 영화들은 삶에 대한 태도를 언제든지 업시켜 줄 수 있는 좋은 도구이다.

Recipe 3 귀 기울여 들어라

친한 친구, 멘토, 선생님에게 나의 태도에 대해 그들의 생각을 들어 본다.

그들이 생각하기에 인생을 대하는 나의 태도는 어떤가?

혹시 나는 매사에 부정적이지는 않은가?

2장

습관

Habit

· · · · ·

습관이라고 하는 것은 나쁜 행동에 대한 우리들의 감각을 둔하게 만드는 괴물인데,
한편으로는 착한 행동에도 아름답게 옷을 입혀 몸에 딱 맞게 해 주는 상냥한 천사이다.

_셰익스피어

현재의 습관이 나의 미래를 만든다

　대학을 다닐 때 '귀차니즘'에 빠지거나, 무엇인가에 대한 열정을 느끼지 못하거나, 더 이상 아무것도 하고 싶지 않을 때 나 스스로에게 던지는 말이 있었다. 나 자신을 세뇌시키듯 항상 되뇌던 그 한마디는 바로 이것이다.

　"크리스, 넌 프로야!"

　아마추어와 프로 사이에는 결정적인 차이가 있다. 아마추어는 하고 싶지 않으면 하지 않아도 된다. 그러나 프로는 하고 싶지 않아도 어떻게든 해내고야 만다.

　지난 30년 가까이 "크리스, 넌 프로야!"라는 말을 내 가슴에 깊이 새기며 살고 있다. 난 인생을 진정한 프로로 살고 싶다. 멋지게 살고 싶다. 그래서 하고 싶지 않을 때, 포기하고 싶을 때, 회피

하고 싶을 때, 짜증 날 때 나에게 이렇게 얘기한다.

　우리에게 잘 알려진 소설《1Q84》,《상실의 시대》를 저술한 일본 소설가 무라카미 하루키의 하루하루는 습관 덩어리이다. 위대한 소설과 작가는 그냥 만들어지지 않는다. "작가는 영감을 받기 때문에 글을 쓰는 것이 아니라, 글을 쓰면서 영감을 받는다"라는 말이 사실임을 하루키는 스스로 증명한 것이다.

　무라카미는 새벽 4시에 일어나서 대여섯 시간을 쉬지 않고 일한다. 오후에는 달리기나 수영을 하고, 책을 읽고 음악을 듣는다. 저녁 9시에는 잠자리에 든다. 한 인터뷰에서 하루키는 "나는 이런 습관을 매일 별다른 변화를 주지 않고 반복한다. 그러다 보면 반복 자체가 중요한 것이 된다. 반복은 일종의 최면으로, 반복 과정에서 나는 최면에 걸린 듯 더 심원한 정신 상태에 이른다"라고 말했다.
_메이슨 커리의《리추얼》중에서

　인생의 프로가 되기 위해서는 귀차니즘을 떨쳐 버리고 일상의 습관을 가져야만 한다.

습관을 바꾸기란 쉽지 않다

아, 정말 싫었다. 솔직히 지금도 싫다.

나트륨과의 전쟁이었다. 음식을 짜게 먹는 습관에 평생 젖어 있던 나는 의사로부터 경고를 받았다. 나트륨을 필요 이상으로 섭취하면 혈압뿐만 아니라 심장 질환에 직접적인 영향을 끼친다는 것이다. 이미 심장 조형 시술을 한 나로서는 의사의 경고를 가볍게 받아들일 수 없었다.

그러나 평생 음식을 짜게 먹던 습관이 어떻게 하루아침에 고쳐지겠는가? 아내는 정성스럽게 음식을 만들어 내놓지만 소금이 거의 들어가지 않은 음식은 정말 먹기가 힘들었다. 간이 되지 않은 국, 반찬, 찌개는 하나도 맛이 없었다. 먹기가 역겨울 정도였다.

아내는 음식을 차려 놓고 어린아이 달래듯, 때로는 협박까지 해 가며 내가 싱거운 음식을 먹도록 도왔다. 그렇게 일주일이 지나고 한 달이 지나가고 두 달쯤 되었을 때 국에 소금이 거의 들어가지 않아도, 샐러드에 아무런 드레싱을 곁들이지 않고도 먹을 수 있는 습관을 익힐 수 있었다. 그러다 보니 가끔 밖에 나가서 짠 음식을 먹으면 음식의 짠 느낌이 혀에 오랫동안 남아 있는 것을 느낄 정도로 민감해졌다.

아무리 고치기 어려운 습관이라 할지라도 끊임없이 애쓰고 노력하면 바꿀 수 있다. 고약하게도 나쁜 습관은 몸에 금방 배고, 좋은 습관은 익숙해지기가 쉽지 않다는 것이 문제라면 문제이다. 하지만 자신의 삶을 주도적으로 살아가려는 사람이라면 좋은 습관을 몸에 익힐 수 있으리라 나는 믿는다.

습관.
나는 너를 이길 수 있어!

· 라이프 업

습관은 무서운 적인가, 아니면 '절친'인가?

나는 당신과 항상 함께하는 친구입니다.

나는 당신의 위대한 조력자이기도 하고 가장 무거운 짐이기도 합니다.

나는 당신을 전진하게 하기도 하고 실패로 끌어내리기도 합니다.

위대한 사람들은 내가 위대하게 만들었습니다.

실패한 사람들은 내가 실패하게 만들었습니다.

나를 취하십시오. 훈련시키십시오. 그리고 나를 엄하게 대하십시오.

그러면 당신의 발 앞에 이 세상을 가져다 놓을 것입니다.

당신이 나를 가볍게 여기면, 나는 당신을 파멸시킬 것입니다.

나는 누구입니까?

．

．

．

．

나는 습관입니다(I am HABIT).

_잭 핫지의 《습관의 힘》 중에서

습관.

무섭다. 두렵다. 내가 생각하지 않았음에도 불구하고 나를 움직인다. 나로 하여금 자의건 타의건 행동하게 하는 가장 무섭고 두려운, 그러나 나와 가장 가까운 곳에 있는 친밀한 존재가 바로 습관이다.

우리 속담에 "세 살 버릇이 여든까지 간다." "바늘 도둑이 소도둑 된다." "제 버릇 개 못 준다"라는 말이 하나도 틀리지 않는다. 생각 없이 시작한 일들이 어느 날 눈덩이처럼 커져서 나의 인생을 망쳐 버릴 수도 있다. 처음에 그러려니 하면서 그냥 넘어가면 두 번, 세 번 반복되면서 잘못된 습관이 되어 평생 떨쳐 버릴 수

．

・ 라이프 업

없게 된다.

반면에 맨 처음에는 정말 힘들게 좋은 습관 하나를 길들이느라 고생고생을 한다. 반복에 반복, 훈련에 훈련을 거치면서 습관이 형성되면 생각지도 않게 삶에서 자연스럽게 나타나는 것을 본다. 한 번 길들여지면 그것이 좋은 습관이든 아니든 거기에서 빠져나오기 힘들다.《습관의 힘》(2012. 갤리온)을 쓴 찰스 두히그는 습관에 대해 이렇게 경고한다.

习관은 '우리 모두가 어떤 시점에는 의식적으로 결정하지만, 얼마 후에는 생각조차 하지 않으면서도 거의 매일 반복하는 선택'을 의미한다.

우리 삶에 습관 아닌 것이 무엇인가?

인간은 습관의 동물이다. 그리고 습관은 제2의 천성이 된다. 모든 사람은 각자 나름대로 좋은 습관, 나쁜 습관, 좋지도 나쁘지도 않은 습관들을 가지고 있다. 곰곰이 생각해 보면 우리 삶에 습관이 아닌 것이 무엇인가? 내가 무의식적으로 하는 행동들을 하나하나 곱씹어 생각해 보면 반복을 통해서 습관이 되어 버린 것들이다.

중고등학생들이 무의식적으로 툭툭 던지듯 내뱉는 비속어와 욕은 끊기 힘든 언어 습관이다. 약속 시간에 매번 늦는 것도 나쁜 습관이다. 담배도 끊기 힘든 습관이자 중독이다. 감정이 상할 때마다 불평을 토로하는 것도 안 좋은 습관이다. 해야 할 일을 차일

· 라이프 업

피일 미루는 것도 알고 보면 습관이다. 아침에 일어날 때 침대에서 뭉그적거리는 것도 습관이다. 강의 시간에 딴 짓을 하는 것도 습관이고 집중하지 못하는 것도 사실 습관이다. 출석부를 보면 지각하는 학생들은 습관적으로 늦게 온다. 평계를 대는 것도 습관이다. 과제를 늦게 제출하는 것도 내 경험으로 보면 습관성이다. 게으름도 습관이라는 것을 쉽게 동의할 것이다. 이렇듯 습관은 우리의 삶과 매우 밀착해 있다. 어디 이뿐이랴!

스마트폰 시대가 열리면서 스마트폰과 함께 하루를 시작하는 습관이 생겨나기 시작했다. 아침부터 잠들 때까지 틈이 날 때마다 스마트폰을 들여다보는 것이 습관을 넘어서서 무서운 중독이 되어 버린 사람들을 우리 주변에서 쉽게 볼 수 있다.

인사를 잘하는 것은 좋은 습관이다. 말투도 습관이고 일찍 일어나는 것도 습관이며, 오후에 10분씩 낮잠을 자는 것도 습관이다. 점심·저녁 식사 후 산책을 30~45분씩 하는 것도 어느 날부터 빚어진 습관이다. 사람들을 만나면 밝은 미소로 반갑게 대하는 것도 습관이다. 주변 사람들의 좋은 점을 이야기하며 칭찬하는 것도 습관이고 그 반대도 습관이다. 헬스클럽에서 정기적으로 운동을 하지 않으면 몸이 갑갑해지는 것처럼 느끼는 것도 몸에 밴 습관이다. 정성스럽게 보이는 글씨체도 어려서부터 빚어진 습관이다. 책상 앞에 꾸준히 오래 앉아 있는 것은 훈련을 통해 익힐 수 있는 습관이다.

아침에 일어나 눈을 비비며 제일 먼저 커피를 내리고, 면도를 하며 이를 닦은 다음에야 샤워를 하는 절차도 습관이다. 말을 할 때 자신만의 제스처를 보이는 것도 습관이다. 양말이나 신발을 신을 때 꼭 오른쪽부터 신어야 마음이 편한 것도 흥미로운 습관이다. 지갑을 바지 뒷주머니에 넣어야 마음이 편한 사람들이 있고, 반면에 안주머니에 넣어야 안전하게 느끼는 사람들이 있다.

세계적인 농구 선수 마이클 조던은 하늘을 나는 듯이 달려가 공을 넣는 순간 혀를 내미는 우스꽝스러운 습관이 있다. 야구 선수들도 타석에 들어서면 자신들만의 표정과 모션을 취하기도 한다. 이것이 리추얼(의례적인 일)처럼 보이지만 알고 보면 하나의 습관이다.

여러분은 이러한 습관의 주인이 될 것인가? 아니면 노예가 될 것인가? 찰스 노블(Charles Noble)의 말은 우리에게 시사하는 바가 매우 크다.

처음에는 우리가 습관을 만들지만 나중에는 우리의 습관이 우리를 빚는다.
(First we make our habits, then our habits make us.)

우리의 삶을 살펴보자. 나도 모르는 무의식적인 습관들이 내 삶에 얼마나 스며들었는지, 그리고 그 습관들이 지금까지 나의 삶을 어떻게 빚어 왔는지 한번 고민해 보자. 부정적이고 좋지 않은 습관들뿐만 아니라 좋은 습관들이 나의 삶에 어떤 영향력을 미쳐 왔는지 나열해 보고 정리해 보자.

공부도 습관이다?

《습관의 힘》의 저자 찰스 두히그는 지능 지수와 의지력, 자제력 등 여러 요인을 측정하고 비교 분석해서 다음과 같은 결론을 내렸다.

그 결과를 보면 의지력이 높은 학생들이 상대적으로 좋은 성적을 받았고, 능력에 따라 학생을 뽑는 선발제 학교의 입학 허가를 받는 확률이 높았다. 자제력이 강한 청소년이 지능 지수가 높은 청소년보다 학문적 성과가 높을 것이라 예측된다. 또한 자제력이 강한 청소년은 지능 지수가 높은 청소년보다 꾸준히 성적이 향상될 확률이 높다. 따라서 지적 능력보다 자제력이 학문적 성과에 더 큰 영향을 미친다고 할 수 있다.

결론적으로 자제력과 의지력의 근육은 강화할 수 있고 좋은 습관이 되어 충동을 조절할 수 있는 능력이 생기며 유혹을 멀리하는 방법도 자연스레 터득하게 된다는 말이다. 이처럼 의지력이 습관화되면 우리가 목표에 집중하도록 뇌가 단련된다고 볼 수 있다.

무슨 말인가? 똑똑한 사람, IQ가 높은 사람들이 아니라, 의지력과 자제력을 가진 학생들이 공부를 잘한다는 것이다. 그리고 의지력과 자제력은 반복과 훈련을 통해서 강화할 수 있고 좋은 습관이 될 수 있다. 오래전부터 어른들이 하시던 말씀이 맞다. "책상 앞에 앉아 있기만 하면 몸이 근질근질하고 엉덩이가 들썩거리는 학생들은 엉덩이가 무거운 학생을 결코 이길 수 없다." 엉덩이가 무거운 학생들은 자신을 억제하는 자제력과 의지력의 근육이 강하기 때문이다.

그러므로 어린 학생들에게 무작정 억압하고 억지로 가르치는 것보다 집중력, 자제력, 의지력을 강화시켜 주는 좋은 습관을 하나하나 심어 주는 것이 좋은 교육이다. 이것들을 훈련하면 결국에는 좋은 습관들이 되고 삶의 원동력이 되어서 그들을 이끌어 줄 것이다.

미국 속담에 "늙은 개에게 새로운 재주를 가르칠 수 없다(You can't teach an old dog new tricks)"라는 말이 있다. 나이가 들수록 새로운 것을 배우기가 힘들다는 의미이다. 이를 역으로 생각해 보면 어릴수록 쉽고 빠르게 배우고 습득할 수 있다고 해석할 수 있다. 한 살이라도 젊을 때 나쁜 습관을 버리고 좋은 습관을 만들어 가야만 한다. 작은 습관들이 하나둘 모여서 우리 인생의 성패를 좌우한다. 좋은 친구들이 우리에게 선한 영향력을 끼치듯 좋은 습관이 우리의 인생을 풍요롭고 훌륭하게 만든다.

다음 글을 읽어 본 적이 있는가? 너무 운명론적이라 절망감으로 다가올 수도 있겠지만 우리의 생각과 언어, 행동이 어떤 영향력으로 우리의 삶에 다가오게 하는지 깊이 생각하게 하는 글이다.

당신의 생각을 조심하라. 그것은 말이 된다.
당신의 말을 조심하라. 그것은 행동이 된다.
당신의 행동을 조심하라. 그것은 습관이 된다.
당신의 습관을 조심하라. 그것은 성품이 된다.
당신의 성품을 조심하라. 그것은 운명이 된다.

습관 재고 정리

어떤 좋은 습관들이 가지고 있는가?

주변 사람들이 지적해 주는 것들을 기억하자. "너는 그게 참 좋아." "예의가 있어." "인사성이 밝아." "친절해." "시간 약속을 잘 지켜." "정리 · 정돈을 잘 해." ·

주변 사람들이 쉽게 던지는 말이지만, 이런 말 한마디 한마디가 내포하는 의미가 크다. 가까이 있는 사람들이 나의 삶을 무의식적으로 주시하면서 나의 행동을 보고 말하는 것이 내가 반복적으로 하는 행동이고 이것이 바로 습관이다.

여러분에게 필요한 좋은 습관은 무엇인가?

나의 인격 성숙을 위해서, 나의 미래를 위해서 어떤 좋은 습관

을 계발해야 하는가? '나에게 꼭 있으면 좋겠다'라고 생각하는 습관은 무엇인가? 또는 가까이 있는 사람들이 나에게 조언해 주는 말은 무엇인가? 그것을 잘 살펴보고 고민하면 내 인생에 도움이 되는 좋은 습관을 만들 수 있다. 나의 인생 설계를 위해서 꼭 습득하고 갖추어야 할 습관이 무엇인가 진지하게 고민해 보자.

여러분이 버려야 할 나쁜 습관은 무엇인가?

친구들이 가끔 지적해 주는 게 있는가? "너는 항상 그래!" "그러지 마라!" 꼭 습관이라는 말을 붙이지 않아도 반복적으로 듣는 말은 무엇인가? 또는 내가 가지고 있는 버릇이나 습관 때문에 실수하거나 낭패를 본 경험이 있는가? 우리가 인식하는 나쁜 습관들이 있는 반면에 우리는 느끼지 못하지만 주변 사람들을 불편하게 하는 습관들이 우리 모두에게 있다. 나쁜 습관들을 반드시 척결하자!

습관 Habits

누구나 습관의 주인이 될 수 있다. 그런데 습관의 주인이 되기 위해서는 그만큼 훈련이 필요하다. 그중 가장 효과적인 방법 중 하나가 좋은 습관 (Good Habits) 리스트를 만들어 보는 것이다. 한번 다음과 같이 해 보자!

Recipe 1 하루 일과를 만들라

하루를 시작하면서 오늘 하루 생활의 스케줄을 만들어 보자. 해야 할 일 리스트도 작성해 보자. 스마트폰에 '할 일 리스트' 앱을 받아서 활용해 보는 것도 추천한다. 해야 할 일 리스트에 체크를 하나씩 해 나갈 때 뿌듯함과 성취감을 느낄 수 있다.

Recipe 2 자투리 시간을 활용하라

우리에겐 틈이 비는 시간이 생각보다 많다. 물론 그만큼 할 수 있는 일도 많다. 이때를 허투루 보내지 말고 활용해 보자. 지하철이나 버스로 이동할 때나, 누군가를 기다릴 때 책을 읽자. 독서하기가 힘들다면 내 인생을 업그레이드시킬 수 있는 팟캐스트 방송을 들어 보자. 언어, 역사, 인문학, 경제, 정치 등등 좋은 콘텐츠로 승부하는 공짜 팟캐스트가 정말 많다.

· 라이프 업

Recipe 3 시간을 내어 정기적으로 운동하라

여기서 핵심은 '일부러 시간을 내자'는 데 있다. 건강을 위해서 아무리 시간이 없다고 해도 억지로라도 시간을 만들어서 운동을 해야 한다. 운동을 하면 체력이 증강하여 몸도 덜 피곤하고 집중력도 좋아진다. 운동을 하지 않으면 더 피곤해지고 쉽게 지치며 게을러진다. 결국 악순환의 고리가 끊어지지 않는다.

Recipe 4 약속을 중요하게 여기라

약속에는 약속 시간까지 포함되어 있다. 만남, 모임, 강의에 10분 먼저 가서 기다리는 훈련을 하자. 먼저 가서 기다리고 있으면 여유가 생긴다.

Recipe 5 먼저 인사를 하라

학교나 직장에서 친구나 동료들을 마주치면 미소로 먼저 대하자. 웃으면서 반갑게 하는 인사에는 사람들을 무장 해제시키는 능력이 있다. '웃는 얼굴에 침 못 뱉는다'라는 속담도 있지 않은가?

Recipe 6 이런 말을 일상화하라

"고맙습니다", "미안합니다", "죄송합니다", "반갑습니다", "괜찮습니다"라는 말을 삶에서 일상화하자. 이런 표현들은 인간관계를 두텁게 하고 개선시킨다.

 **기록하라**

항상 메모를 하도록 노력해 보자. 이런 이야기를 들은 적이 있다. '희미한 잉크가 뛰어난 기억력보다 낫다.' 무슨 의미인가? 기억에는 한계가 있다. 기록하면 언제든지 나중에 활용할 수 있다. 스마트폰 앱(에버노트 강추)에 기록해도 좋고, 노트에 기록해도 좋다. 에버노트 같은 앱을 사용하면 검색 기능이 탁월하여 나중에 내가 원하는 정보를 쉽게 다시 찾을 수 있다.

Recipe 8 **책을 가까이 하자**

독서는 우리 삶을 풍요롭게 하는 좋은 도구이다. 독서에 익숙하지 않다면 우선 가볍게 한 달에 한 권 내지 두 권 정도로 목표를 설정해 보자.

탁월함은 훈련과 습관이 합작으로 만들어 낸 작품이다. 우리가 미덕이나 탁월함을 소유했기 때문에 올바르게 행동하는 것이 아니라 우리가 올바로 행동했기 때문에 그것들을 소유한 것이다. 현재의 우리 모습은 우리가 반복적으로 하는 행동의 결과이다. 그렇다면 탁월함은 행동이 아니라 습관이다.
(Excellence is an art won by training and habituation. We do not act rightly because we have virtue or excellence, but we rather have those because we have acted rightly. We are what we repeatedly do. Excellence, then, is not an act but a habit.)
_아리스토텔레스(Aristoteles)

· 라이프 업

3장

가치
Worth

. . . . .

현재 얼마나 힘을 갖고 있느냐는 진짜 문제가 아니다.
그보다는 내일 힘을 갖기 위해 오늘 무언가를 반드시 실행에 옮기는 것, 그것이 문제이다.

_캘빈 쿨리지(John Calvin Coolidge, 미국 제30대 대통령)

지금의 투자가 나의 미래를 보장한다

내 인생을 되돌아보니 왜 이리 중도 하차한 것들이 많은지 모르겠다.

지금도 또렷하게 기억한다.

소프라노 색소폰을 배워 보겠다고 그때 당시 거의 2,000달러나 주고 비싼 색소폰 샀던 일이……. 제대로 배우지도 못하고 결국에는 반값이라도 쳐준다고 해서 팔았다.

일본어를 배워 보겠다고 테이프에 각종 교재까지 사면서 난리를 쳤다.

이탈리아를 배경으로 하는 로맨틱한 영화 한 편을 보고 반해 버려 이탈리아어 배우겠다고 했던 적도 있다.

어느 날 스페인에 있는 제자와 연락이 된 후, 스페인으로 여행

가고 싶어서, 스페인어를 배우려고 로제타스톤으로 하루에 몇 시간씩 내 나름 열심히 공부한 적도 있다. 결과적으로 한 달 정도 했던가?

핫요가 배우려고 세 달 동안 노력했고, 대학원 졸업하고 사진을 배우려고 그때 당시 니콘 카메라에 줌렌즈까지 장만했다.

마라톤 대회에 나가겠다고 6개월 정도 혼자 7, 8킬로씩 뛰면서 훈련하다가 이런저런 이유로 아직까지 못하고 있고, 다이어트는 또 얼마나 많이 시도했다 포기하고 성공했다 실패했는지 셀 수도 없다.

바둑을 배우겠다고 바둑 책을 수십 권 사서 2년 정도 열심히 배웠다.

자전거 한 번 제대로 멋지게 타 보겠다고 비싼 자전거 사서는 한 달 정도 타다가 지금은 창고 구석 어딘가에 고이 모셔 두고 있다.

고등학교 시절 기타 배우고 싶어서 중고 시장에서 파는 싸구려 기타를 사서 혼자 밤새도록 치던 생각이 난다. 어느 정도 수준에 도달하니 도대체 내 힘으로 되지 않아서 그것도 포기해 버렸다.

아하! 그리고 불과 8년 전쯤 드럼을 치는 게 너무 쿨하고 멋져 보여서, 미국에서 꽤 괜찮은 드러머에게 개인 레슨 4개월 받았

　　　　　　　　　　　　　　　　　　· 라이프 업

다. 그런데 난 깨달았다! 내가 '박치'라는 것을……. 그래서 그것
도 결국 포기!

수집은 또 어떤가! 어렸을 적에는 우표를 수집한다고 여기저
기 뛰어다녔다. 어디 그것뿐이랴!

외국 동전, 각국 지폐, 엽서, 성냥갑, 스푼, 동전 눌린 것(미국에
는 여행지에서 동전을 넣으면 눌러서 평평하게 만든 다음 그림이 찍혀
서 나오는 걸 판다.), 열쇠고리, 컵…….

그만해야겠다. 도대체 이 리스트의 끝이 안 난다.

내게는 열정에 불타 시작해서 제대로 끝을 보지 못하고 포기한
것들이 참 많다. 어려서부터 이것저것에 관심이 많고, 하고 싶은
것도 많았다. 그 열정은 여전히 식지 않아 지금도 왜 이렇게 하고
싶은 것이 많은지 모르겠다(아무것도 하고 싶지 않다는 사람들을 전
혀 이해할 수 없다).

그런데 그중에 지금까지 포기하지 않은 몇 가지가 있다.

목회할 때 교회 주보에 10여 년 동안 한 주도 빼지 않고 칼럼을
썼다.

일주일에 몇 권씩 책을 읽는다.

미국으로 이민 간 지 35년이 되었지만 지금도 여전히 영어 공

부를 하고 있다. 모르는 단어나 표현이 나오면 영어 사전을 찾아보고 직접 표현해 본다.

크리스천이기에 주일이 되면 결코 예배를 빠지지 않고, 리더십과 자기 계발에 대한 공부를 계속하고 글도 쓰며 다른 사람의 글도 모은다.

책은 지난 30여 년 동안 만 권이 넘도록 모았다. 아직도 한 달에 10~20권 정도의 책을 사서 모은다. 그리고 페이스북에 매일 글을 하나씩 쓴다!

지금 곰곰이 생각해 보니 꾸준히 지금까지 제대로 해 온 게 별로 없다. 포기하고 때려치운 것들이 훨씬 많다.

누가 하라고 강요하는 것도 아닌데, 참……. 우표를 모으고, 성냥갑을 수집한다고 해서 인생이 나아지는 것은 아니잖은가? 내가 봐도 인생 어렵게 살고 있다!

그래도 정말 중요한 것들, 내 인생에 덧셈이 될 수 있는 것들은 지금까지 포기하지 않고 살아온 것 같다. 그래서 이 정도, 이만큼의 인생을 살 수 있는 것이 아닐까!

여러분은 지금 무엇에 여러분의 인생을 투자하고 있는가?

우연히 '개인의 가치'를 평가해 주는 흥미로운 사이트로 들어가게 되었다. "나의 가치는 어느 정도일까요?"라는 주제 아래 10여 개의 질문에 답을 하면 나의 가치가 돈으로 환산되어 나온다. 나 역시 궁금하기도 하고 재미있어 보여서 성실하게 답해 보았다.

　　나의 가치는? 무려 468억 9,998만 8,889원이었다. 하여튼 기분은 좋았다. 어떤 방법으로 이 엄청난 금액을 산출했는지 모르겠지만 나의 자존감은 확실하게 공중 부양을 했다!

나의 가치를 객관화하라

성인이 되어 사회에 진출하면 나의 가치를 객관화해야 한다. 내가 아무리 나 자신의 가치를 높이 평가하고 싶어도 다른 사람들이 인정하지 않으면 아무런 소용이 없다. 어떤 사람들은 자신을 과소평가하기도 하고 과대평가하기도 한다. 그러나 대부분의 사람들은 자신을 과대평가하는 쪽인 듯하다 (우리 안에는 '자뻑 기질'이 숨어 있기 때문이다). 자신을 과대평가하는 사람들은 '왜 나를 알아주지 않지?'라고 불평을 터뜨리면서 산다. 그리고 '나의 진가를 알아주는 직장이나 단체 또는 사람들을 만나면 나는 분명히 실력을 발휘할 것이고 더 멋진 인생을 살 수 있을 거야'라는 몽상에 빠져든다.

정말 그럴까? 지금 내가 있는 곳에서 실력을 발휘하지 못하거나 내 가치를 인정받지 못한다면 장소가 바뀌고 환경이 바뀌며 사람들이 바뀐 다른 곳에 가서 과연 실력을 발휘할 수 있을까? 아마도 정말 특별한 경우가 아니고서는 힘들 것 같다. 자신의 가치를 객관화하는 것은 뜬구름 잡지 않고 나에게 맞는 길을 제대로 갈 수 있다.

젊을 때에는 자신을 객관화하기가 힘들다. 꿈, 열정, 포부, 자존심, 자신감이 철철 넘치기 때문이다. 좋다! 그러나 사회라는 전쟁터는 꿈과 열정만으로 뛰어들기에는 결코 만만한 곳이 아니다.

21세기에 살아가고 있는 대한민국의 젊은이들은 스펙에 치여 산다. 토익 점수, 해외 어학연수, 자격증, 대학 졸업장, 인턴십. 이 모든 것들을 왜 회사에서 요구할까? 이런 것들이 한 사람을 객관적으로 평가할 수 있는 최소한의 자료이며 기준이 될 수 있기 때문이다.

회사는 이익을 창출해야만 생존이 가능하다. 그러기 위해서 이익을 창출할 수 있는 유능하고 가치 있는 인재들을 찾는 것은 매우 당연한 일이다. 왜 인기 가수, 영화배우, 탤런트, 운동선수에게 수억 원씩이나 되는 돈을 주고 광고에 출연하게 하는가? 왜 김연아, 박지성, 이승기, 소녀시대 같은 인기 스타들에게 광고 한 편을 찍는 데 수억 원의 출연료를 지불하는가? 그것은 그들이 출연료 그 이상으로 상품의 가치를 높이고 수익을 창출할 수 있는 '가치 있는 사람'들이기 때문이다. '가치 있는 연예인들'을 통해 자신들의 기업 매출에 엄청나게 기여할 것을 알고 있기 때문이다. 이 유명인들은 객관적인 가치를 소유한 사람들이다.

· 라이프 업

마이클 조던 이야기: 가치 수직 상승

    1980년대 혜성과 같이 등장한 농구의 황제 마이클 조던은 순식간에 농구장을 휩쓸었다. 그때 당시 시카고에서 대학을 다니던 내게 시카고 불스에서 주전으로 뛰고 있는 마이클 조던의 맹활약을 매주 TV에서 지켜볼 수 있었던 건 엄청난 특권 같았다. 최고의 선수였던 마이클 조던은 1984년에 시카고 불스에 와서 7년 후에나 그의 첫 NBA의 우승컵을 손에 쥐었다.

    세계적인 신발 회사 나이키(Nike)는 NBA의 영웅인 마이클 조던의 이름이 들어간 에어 조던(The Air Jordan) 농구 운동화 브랜드를 만들어 생산하기 시작했다. 마이클 조던은 그때 당시 우리로선 상상할 수 없을 정도의 로열티를 받았고, 은퇴한 지금도 매년 6,000만 달러 가까운 로열티를 받는다고 한다.

마이클 조던이 시카고 불스에 처음 입단했던 1984년 그의 연봉은 55만 달러에 불과했다. 하지만 매년 상승해서 1998년 그가 불스를 떠나던 해에는 3,300만 달러였다. 그가 입단했던 첫해와 비교해 무려 60배 가까이 뛰어오른 것이다.

마이클 조던의 가치(몸값) 상승은 누구도 상상할 수 없었던 성공 스토리로 세계 역사에 길이 남을 것이다. 여기서 내가 말하고 싶은 건 조던이 돈을 얼마나 벌었느냐가 아니다. 그의 몸값이 매년 객관화되어 상승했던 것에 초점을 맞추고 싶은 것이다. 우리가 싫든 좋든 인정하든 하지 않든 우리가 살고 있는 이 사회에 의해 우리의 삶은 판단되고, 평가되며, 객관화된다.

여러분의 인생 시각은 현재 오전 6시!

청년들을 만나 이야기하면 많은 경우 10대의 삶에 대한 아쉬움이 그들의 대화 가운데에서 묻어남을 느낄 수 있다. '고등학교 다닐 때 더 열심히 공부했더라면 혹은 열심히 살았더라면 지금 내가 더 나은 환경(대학)에 있을 텐데'라는 아쉬움과 후회를 하는 것이다. 그러면서 이미 인생을 다 산 사람들처럼 20대 초반부터 자포자기하며 무기력한 삶을 살거나, 미래에 대한 아무런 생각도 없이 무덤덤하게 사는 모습을 본다. 고등학교 3학년 때 치른 단 한 번의 수능으로 자신의 미래를 한순간에 결정해 버렸다고 생각하는 것이다. 1등급이냐 5등급이냐에 따라 우리 인생의 등급이 달라진다고 믿기 때문이다. 물론 정말 인생이 녹록지 않다. 충분히 이해한다.

그러나 수능 성적이, 내신 등급이 인생의 전부를 결정하지 않는다. 진짜 승부수를 던져야 할 시기는 10대 때가 아니다. 20대는 인생을 좀 더 진지하게 생각해 봐야 한다. 10대에는 부모 울타리 안에 갇혀 있었다면 20대에는 홀로 서기를 연습해야 한다. 인생이 늘 핑크빛으로 아름답지도 않고, 초콜릿처럼 달콤하지만도 않음을 경험해 보지 않았는가. 이젠 삶이 만만치 않고 맘대로 되지 않는다는 것을 어느 정도 파악했으니 좀 더 현실적이고 실제적인 도전을 해 볼 수 있을 것이다.

이 시기야말로 내가 앞으로 살아가고 싶은 인생에 제대로 투자해야 하는 타이밍이다. 누군가에게 끌려다니거나 밀려서 사는 인생이 아니라, 내가 한 번 살아 보고 싶은 인생, 내가 가 보고 싶은 길, 내가 그리고 싶은 하늘을 그려 볼 수 있어야 한다.

그런 의미에서 20대는 앞으로 50년을 준비하는 기간이다. 100세 시대가 현실인 젊은이들은 앞으로 70~80세까지도 활동적인 삶을 충분히 살 수 있을 것이다. 그렇게 살기 위해서는 이 시기에 앞으로 내가 원하는 삶을 꿈꾸고 계획하며 준비해야 한다.

인생을 한 편의 짧은 에세이나 단편소설처럼 생각하지 말라! 조정래의 장편소설 《태백산맥》은 총 10권으로, 원고지 1만 6500장의 방대한 분량이다. 이 소설로 따지자면 여러분의 인생은 총 10권의 장편소설 중에서 이제 2권 초반부에 불과하다. 1만 6500장의 원고지 중에서 아직 2000장도 다 채우지 못한 것이다. 앞으로 나머지 1만 4000장 가까이 되는 빈 원고지에 우리의 인생을 어떻게 써 나갈 것인가!

얼마 전 '나의 인생 시계는 몇 시일까?'라는 스마트폰 앱이 인기를 모았다. 인생 시계에 적용해 본다면 24시간의 인생 중에서 20대는 오전 6시이다(수명 80. 1994년 11월 15일 생일 기준). 아! 아직 하루를 시작하기도 전이다. 대부분의 사람들은 아직 잠자리에서 나오지도 않은 시각이다. 누군가에겐 눈을 뜨기 전 달콤한 꿈을 꾸고 있는 새벽일지도 모르겠다. 새로운 하루를 시작하는 기대감으로 설레는 시각이다.

여러분은 지금 조금 늦거나 빠른 오전 6시부터 7시 사이에 살고 있다. 나머지 18시간을 '어떻게 보낼까, 무엇을 해야 하는가' 고민해야 한다. 그리고 나머지 시간을 내가 원하는 방향으로 보내기 위해서 투자해야 한다.

그래도 씨를 뿌리자!

읽을 때마다 도전되는 성경의 한 구절이 있다.

눈물을 흘리며 씨를 뿌리는 자는 기쁨으로 거두리로다. 울며 씨를 뿌리러 나가는 자는 반드시 기쁨으로 그 곡식 단을 가지고 돌아오리로다.(시편 126:5-6)

이 구절을 읽으면서 의아해한 적이 있다. 왜 씨를 뿌리는데 눈물을 흘릴까? 왜 울며 씨를 뿌리러 나갈까? 곰곰이 고민해 보았다. 그냥 씨를 뿌리면 될 것 아닌가? 눈물을 흘려야 할 이유가 무엇일까? 그렇다! 씨를 뿌릴 수 있는 상황과 여건이 되지 않아서이다. 환경이 좋지 않았기 때문이다. 힘들고 어려운 상황이라는 것이다. 이들은 70년이란 오랜 포로 생활을 끝내고 마침내 고향으로 돌아올 수 있었다. 고향으로 돌아왔지만 모든 상황과 환경, 여건이 최악이었다. 이 글을 쓴 사람은 모든 것을 포기해야만 하는 상황에 처해 있고 그래서 포기하고 싶은 심정이다. 그러나 억지로 씨를 뿌린다. 하고 싶지 않지만, 할 수 없는 상황이지만 그래도 씨를 뿌린다. 눈물을 흘리며 울면서 씨를 뿌린다.

젊은이들이여, 지금 처한 상황과 여건은 불가능해 보일 수 있다. 아니 지금 씨를 뿌리는 일이 어떤 이들에게는 미친 짓으로 보일지도 모른다. 부정적으로 조소와 함께 "그거 해 보나 마나야! 지금 뭘 할 수 있겠어? 네가 해 봤자 뻔하지!"라는 소리를 들을 수 있다. 그러니 눈물을 흘릴 수밖에! 그러니 울 수밖에! 그래도 뿌리자! 그래도 심자! 그래도 투자하자! 사람들이 안 된다고 할 때, 사람들이 불가능하다고 말할 때, 이를 악물고 눈물을 흘리더라도 씨를 뿌려 보자!

No Pain No Gain.

이 말은 세상에서 절대로 쉽게 얻어지는 것은 없다는 것을 일깨워 준다. 세상에 어떤 일도 그에 합당한 대가를 치르지 않고서는 거저 얻을 수 없다. 여러분의 꿈을 이루는 것도 이와 마찬가지 이치에 있음을 잊지 말라. 눈물을 흘리고서라도 씨를 뿌려라! 통곡을 하면서도 여러분이 가야 할 길을 꼭 가도록 하라! 부탁한다! 여러분을 비웃고 조롱하는 사람들에게 언젠가 보란 듯이 여러분의 '꿈'을 이뤄 보여 줄 그날을 나는 기대한다.

분명히 웃는 날이 온다!
살아 보니 웃는 날이 꼭 오더란 말이다.

크리스의 열정 스토리 1

나는 고등학교 2학년 때 가족들과 함께 미국으로 이민을 갔다. 그때 당시 미국으로 이민을 간다는 것은 정말 특별한 기회였고 많은 사람들이 꿈꾸는 일이었다. '아메리칸 드림'이란 말이 있을 정도로 한국 사람들에게 꿈의 나라였던 미국에 가기만 하면 모든 것이 쉽게 이루어질 줄 알았다.

그러나 막상 미국에 가 보니 내가 꿈꾸고 생각했던 것과는 정반대의 삶이 눈앞에 펼쳐졌다. 이민자로서 다른 나라에 가서 산다는 것은 생각보다 훨씬 힘들고 어려웠다. 경제적인 문제도 있었고, 문화적인 차이는 엄청났다. 무엇보다 극복하기 힘들고 어려웠던 것은 언어의 문제였다.

그러나 정작 가장 큰 문제는 공부하기를 싫어하는 내 삶의 태도였다. 한국에서 학교를 다닐 때에는 시험 기간에나 공부라는 것을 조금 해 보았을 뿐, 숙제를 해 간 기억이 거의 없었다. 그러던 내가 영어를 배워야 했다. 즉 공부라는 것을 해야만 했다. 그렇게 고민하던 나에게 갑자기 든 생각이 있었다. 앞으로 미국에서 성공하려면 열 일 다 제쳐 놓고 무작정 영어를 잘해야겠다는 '느낌', '감동', '울림'이라고나 할까? 뭐, 이런 것들이 내 가슴을 두방망이질 쳤다.

그 순간부터 나는 영어 배우는 것을 단 한 번도 공부라고 생각하지 않았다. 내 인생에 대한 투자라고 생각했다. 영어를 사용해야만 하는 미국에 살기에 영어를 당연히 잘하게 될 것이라는 생각은 착각이다(몇 년 동안 영어 연수나 유학을 다녀온 친구들의 영어 실력을 보고 실망한 경험들이 있을 것이다).

한마디로 나는 영어에 미쳐 있었다. 수학, 화학, 역사, 생물과 같은 수업들은 나에게 그저 영어에 대한 투자였다. 내 손에서 영어 사전과 단어장이 떨어진 적이 없었다. 눈을 떠도 영어, 감아도 영어, 길거리에 다니면서 눈에 보이는 모든 간판은 영어를 배우는 도구였다. TV를 틀어도 영화를 보아도 라디오를 들어도 내게는 그 모든 것이 영어를 위한 투자였다.

그 결과 몇 년이 되지 않아 미국에서 태어나고 자란 교포 2세, 3세들에게 영어로 강의하고 가르칠 수 있는 실력을 갖추게 되었다. 그리고 지난 20여 년간 그 일을 계속해 오고 있다. 공부하기를 그렇게 싫어했던 크리스가 영어에 미친 인생을 살았던 증거인 것이다.

두 번째 내 인생을 미치게 한 것은 책이다. 지난 수십 년 동안 손에서 놓지 않은 한 가지가 있다면 책이다. 독서이다. 공부하기를 그렇게 싫어했던 나였지만 이상하게 만화책부터 시작해서 소년 · 소녀 세계문학 전집, 셜록 홈스, 괴도 루팡, 클래식 시리즈, 에세이, 소설 할 것 없이 모든 부류의 책들을 읽었다. 지금도 여전히 많게는 일주일에 다섯 권 정도, 최소한 일주일에 한 권의 책을 읽는다. 내 인생에서 책을 빼면 아무것도 남지 않을 정도로 책에 투자한 시간과 돈은 엄청나다.

내 인생의 가장 중요한 멘토는 책이다. 책을 읽는 데 투자한 시간이 그 어느 것보다 많았다. 그렇지 않았다면 나는 사실 무의미하고 목적 없이 방황하고 떠다니는 인생을 살았을 가능성이 다분하다. 내 인생에서 책이 없었다면, 열정적으로 책을 읽지 않았다면 오늘의 나는 있을 수 없었다.

지금 학생들을 가르치는 교수이자, 정기적으로 학생들과 청년들 앞에 서서 강의와 강연을 하는 사람으로서 내게 가장 도움이 된 것이 바로 책이다. 책은 내 머리를 차갑게 해 주고 내 가슴을 뜨겁게 해 주었으며, 내 인생을 풍요롭게 해 주었다.

젊은 시절에 가장 많은 열정과 시간, 돈을 투자한 것은 영어와 독서이다. 이것이 오늘의 나를 만들었고 내가 하는 일에 상상할 수도 없는 도움을 주었다. 그리고 앞으로 하고자 하는 일에도 도움을 줄 것이다.

인생 최고의 투자

　신축 아파트? 명당의 땅? 인기 있는 카페? 치킨 집? 한몫 챙길 수 있는 주식? 로또?

　과연 그럴까? 아니다! 세상에서 가장 좋은 투자는 자기 자신에게 투자하는 것이다. 아파트 값, 땅 값, 주식 같은 것들은 내가 마음대로 할 수 없다. 여건과 상황에 따라 오르락내리락한다. 그러나 나 자신에 대한 투자는 가면 갈수록 상승세를 탈 수밖에 없다.

　스펙을 쌓는 투자를 말하는 것이 아니다. 토익 점수도 중요하고, 해외 연수도 중요하다. 좋은 직장에서 인턴십을 경험하는 것도 중요하다. 사회봉사 활동도 분명히 필요하다. 그러나 나의 인생을 단기적으로 업그레이드할 수 있는 투자가 아니라, 취업만을 위한 투자가 아니라, 내 평생을 살면서 나에게 도움이 될 수 있는 투자를 해야 한다. 그것이 무엇일까? 고민해 보아야 한다. 일생 동안 살아가면서 나에게 가장 도움이 될 만한 것이 무엇일까? 나의 삶을 풍요롭게 하고, 내 삶의 의미를 가져다주며, 내 인생에 항상 플러스가 될 수 있는 투자가 무엇일까? 내 인생의 가치를 높여 줄 수 있는 투자는 무엇일까?

젊은이들이여, 지금 고민하자! 지금 생각하자! 고민하고 생각하는 것이 어렵더라도 지금 바로 하자! 지금 내 인생을 위해 무엇을 투자하고 있는가? 나의 돈, 나의 시간, 나의 에너지, 나의 열정을 어느 곳에, 누구를 위해 투자하고 있는가?

종종 안타까운 모습들을 발견한다. 많은 젊은이가 담배 한 갑, 아메리카노 커피 한 잔, 떡볶이 한 접시, 영화 한 편, 소주 한 병에는 생각 없이 돈을 쓰면서 나의 생각과 마음에 양식이 될 수 있는 책 한 권을 사는 데에는 몹시도 인색하다. 이것은 분명히 그가 자신에게 투자하지 않는 것이다. 별생각 없이 사는 것이다.

"생각하고 살지 않으면 사는 대로 생각한다"라는 말이 있다. 나는 거기에다 한 문장을 더 첨부한다. "생각하고 살지 않으면 다른 사람들이 생각하는 대로 살게 된다." 내가 지금 나의 삶에 대하여 심각하게 고민하지 않으면 그 누구도 고민해 주지 않는다. 결국에는 내가 원하는 삶이 아니라 다른 사람들이 원하는 인생을 살아갈 수밖에 없다.

우리 모두 심각하게 고민해 보아야 할 문제가 있다. 지금 내가 사는 방식, 습관, 태도 그리고 열정으로 계속해서 그대로 살아간 다면 앞으로 10년 후 내 인생은 지금보다 더 나아질 수 있다고 자 신할 수 있는가? 혹시 우리는 우리의 인생을 막연하게 흘려보내 고 있지는 않은가? '더 괜찮아지겠지! 어떻게 되겠지'라는 막연 하고 추상적인 생각만 하고 있는 것은 아닌가.

젊은이들을 향해 내가 말하는 요점이 바로 이것이다. 주도적으 로 인생을 살아가지 않는다면 결단코 앞으로 10년 후가 아니라 20년이 지나도 우리의 삶은 지금보다 더 나아지거나 풍요로워지 지 않는다는 사실이다. 알베르트 아인슈타인은 "똑같은 방법을 반복하면서 다른 결과가 나오기를 기대하는 사람은 정신병자이 다"라고 말했다. 이 말은 청년들의 나태한 생각과 막연한 기대를 한 방에 날려 버릴 촌철살인의 빅 펀치이다.

지금 내 인생을 위해 무엇을 투자하고 있는가?
내 열정, 시간, 돈을 무엇을 위해 사용하고 있는가?
나는 지금 무엇을 생각하면서 살아가고 있는가?

　　　　　　　　　　　　· 라이프 업

세상에 존재하는 두 부류

시간을 정복하는 사람들과 시간에 정복당하는 사람들이다. 젊은 시절에 가장 중요한 투자 중 하나는 시간의 주인이 되는 법을 배우는 것이다. 시간에 쩔쩔매어 끌려다니는 것이 아니라 내가 시간의 주체가 되도록 말이다. 젊은 시절에 내 시간을 어떻게 조절할 수 있는지를 터득하는 데에 투자하느냐 마느냐에 따라 인생의 판도가 전혀 달라질 수 있다. 같은 시간이라도 주체적으로 자신의 시간을 운용할 수 있는 사람은 그만큼 자신이 원하는 성공적인 삶을 살아갈 수 있는 가능성이 높기 때문이다.

하루는 24시간이고, 일주일은 168시간이며, 한 달은 720시간, 그리고 1년은 8760시간이다. 하루 10분쯤 낭비한다고 해도 아무릇지도 않은 것 같지만 이와 같이 시간을 따져 보면 생각이 달라질 것이다. 그냥 무심코 흘려보낸 그 10분이 일 년 동안 쌓이면 3600분이고, 60시간이며 이틀하고도 반나절이나 된다. 하루에 10분씩 사용하여 일 년 동안 책을 읽는다면 60시간 동안 읽을 수 있다. 최소한 5권 정도의 책을 읽을 수 있는 시간이다. 10분의 시간이 아무것도 아닌 게 아닌 것이다.

시간의 주체가 되는 것은 사실 간단하면서도 가장 힘든 일이다. 내가 꿈꾸는 그 꿈을 이루기 위해서 하루 24시간 중 일부분을 투자하면 된다. 하루에 한 시간이면 365시간이 되고, 하루에 두 시간이면 730시간, 하루에 세 시간이면 1095시간이나 된다. 하루에 세 시간씩 10년의 시간을 보내면 1만 시간이나 된다. 그렇게 시간을 보낸다면 지금보다 10년 후의 삶은 확연하게 달라져 있지 않을까? 분명히 내가 꿈꾸는 삶에 가까이 가 있지 않을까?

시간 관리란 불필요한 것들을 버리고 필요한 것들을 채우는 과정이다. 이때 자투리 시간을 주도적으로 사용하는 방법을 터득하면 좋다. 학교나 아르바이트 장소로 이동하는 시간은 독서나 자신의 인생과 미래에 도움이 되는 팟캐스트를 듣는 것으로 사용할 수 있는 좋은 기회이다.

지금 나의 24시간 스케줄을 살펴보면 나의 미래가 보인다. 10년, 20년 후 나의 미래를 예측할 수 있다. 시간이 없다, 바쁘다는 말은 핑계이다. 대부분의 사람들은 아무리 바빠도 자신이 좋아하는 것은 하고야 만다. 지금 이 순간 나는 나의 인생에 가장 중요한 것들을 위하여 시간을 보내고 있는가? 아니면 의미 없이 보내고 있지는 않는가?

내가 정말 좋아하는 무명의 격언이 있다.

미래의 당신 자신이 감사할 무엇인가를 오늘 하라!
(Do something today that your future self will thank you for.)

내가 지금 나 자신을 위해서 투자하지 않는다면 어떻게 미래의 내 자신이 감사할 수 있겠는가? 아마 불평과 후회, 원망으로 가득한 자기 자신을 발견할 것이다.

젊은이들이여, 오늘! 이 순간! 바로 지금!
미래의 내가 감사하고 기뻐할 일을 시작하자!

가치 Worth

　　　내 인생을 가치 있도록 만들기 위해서는 지금부터 준비해야한다. 무엇을 어떻게 해야 할까? 다음은 미래의 내가 감사할 일을 시작하는 과정을 담고 있다.

Recipe 1　인생의 투자 종목을 결정하라

포트폴리오(Portfolio)는 서류 가방이라는 일반적인 의미를 가지고 있지만 주식 투자를 할 때 개인이 보유하고 관리하고 있는 주식 종목들을 의미하기도 한다. 내 인생이라는 포트폴리오에 나는 어떤 종목들을 소유하고 관리해야 할 것인가? 내 인생에 투자해야 하는데 나는 나의 가치를 단기적인 안목이 아니라 장기적인 측면에서 높이기 위해서 내 포트폴리오에 어떤 종목들을 담을 것인가? 어느 영역에 투자할 것인가?

앞으로 10년 후 현재의 나보다 나은 내가 되기 위해서 내가 지금 해야 할 일들은 무엇인가?

리스트를 작성해 보자. 포트폴리오 안에 무엇을 넣고 싶은가?

나의 가치를 높이는 포트폴리오 종목에는 외형적인 종목뿐만 아니라 내적인 종목을 넣어야 한다. 포트폴리오가 흔히 말하는 스펙 쌓기에서 끝나 버리면 안 된다. 내면세계를 단단하게 할 내공을 쌓아야 한다. 인간으로서 어떤 인격체로 성장해 가야 하는가. 그리고 무엇이 내 삶의 의미를 더해 가며 풍성하고 풍요롭게 만들 것인가 고민해야 한다.

Recipe 2   우선순위를 만들라

하루를 시작하면서 오늘 내 삶의 우선순위가 무엇인지, 가장 중요한 일이 무엇인지 결정한다. 내가 오늘 나 자신의 가치를 높이기 위해서 어떤일이 있어도 양보할 수 없는 일, 포기할 수 없는 일들이 무엇인지 하루를시작하기 전에 결정하자! 그리고 그 우선순위를 다이어리나 노트에 반드시 적어 두고 하나씩 이룰 때마다 체크해서 뿌듯함을 느끼자.

Recipe 3   시간의 주인이 되라

가장 쉬운 방법은 내가 현재 시간을 어떻게 사용하고 있는가를 체크해 보는 일이다. 한 시간을 15분 단위로 나누어 하루 24시간, 일주일 동안 기록해 보자. 정직하고 꼼꼼하게 무엇을 하면서 시간을 보냈는지를 살펴보면내 삶의 우선순위를 확인할 수 있다.

내 인생에 가장 중요한 것들을 위해서 시간을 배정하자. 내 인생의 포트폴리오에 들어가 있는 종목의 향상을 위해서 어떻게 시간을 사용해야 할까 고민하고 결정하자.

자투리 시간을 사용하기 시작하자. 불필요한 시간들, 쓸데없이 사용하는 시간들을 하나씩 정리한다. 자투리 시간을 효율적이고 생산적으로 사용한다.

4장

열정
Passion

· · · · ·

열정이 없는 사람은 미지근한 물로 인생이라는 기관차를 움직이는 사람이다.

이때 일어날 수 있는 오직 한 가지 현상. 그는 멈춰 버리고 말 것이다.

열정은 불 속의 온기이며 모든 살아 있는 존재의 숨결과 같은 것이다.

_이채욱의 《백만 불짜리 열정》 중에서

인생에 불을 질러라

한 제자가 페이스북에서 이런 질문을 던졌다.

"교수님, 노력으로 재능을 만들 수 있나요?"

이 질문을 한 제자에게 난 이렇게 답했다.

"당연히 노력으로 재능을 만들 수 있지만 그런 사람을 많이 보
지는 못했다."

난 개인적으로 재능보다는 노력을 믿는 사람이다. 난 아직까지
천재적인 재능만으로 성공한 사람을 만나 본 적이 없다. 그리고
"이런 천부적인 재능만으로 성공할 수 있었다"라고 말한 사람도
만난 적이 없다.

'스티브 잡스, 빌 게이츠, 비틀스, 타이거 우즈, 마이클 조던, 김

연아' 등등 세계적으로 성공한 사람들의 재능은 두말할 필요가 없다. 그들은 천재적 재능을 타고났다. 하지만 피나는 노력을 하지 않았다면 오늘날의 그들이 세상에 존재하지 않았을 것이다. 이렇듯 재능과 노력은 상호 작용을 해야 비로소 빛을 발할 수 있다. 타고난 능력이 출중하다면, 거기에 노력이 더해져 그 시너지 효과는 극대화되고, 위대한 인물이 탄생하게 된다. 아쉽게도 이것은 특별한 몇몇의 이야기로밖에 들리지 않는다. 재능을 가지고 태어나지 못한 평범한 우리들은 그들을 부러워하기만 해야 할까?

난 그렇게 생각하지 않는다. 난 우리의 노력으로 충분히 재능을 만들 수 있다고 믿는다. 노력과 수고, 눈물과 땀으로 충분히 재능을 가진 사람을 능가할 수 있다고 확신한다. 나는 99%의 땀과 1%의 영감을 믿는다.

내가 미국에 와서 영어를 배울 때 그랬다. 대부분의 내 친구들은 나보다 훨씬 어릴 때 미국에 왔다(최소한 나보다 3, 4년 전에 미국에 정착했다). 그랬으니 여러 면에서 나보다 훨씬 앞설 수밖에 없었다. 그들을 따라잡기 위해서 난 엄청나게 노력했다. 아니 미쳐 있었다. 하루에 영어 단어를 몇 백 개씩 암기했다. TV를 보면서 무작정 따라 했다. 나처럼 공부하기 싫어했던 사람이 180도 변한 것이다. 수학도 화학도 물리도 역사도 다 영어 공부의 일부분이었다(왜냐하면 내가 살던 곳은 미국이고 모든 과목은 영어로 가르쳤기 때문이다). 그리고 한국 사람이 없는 대학에 들어가서 캠퍼스 안에 있는 기숙사에서 살았다. 그렇게 4년을 기숙사 안에 있는 미국 친구들과 함께 지내다 보니, 어느새 내 영어 실력은 꽤 높은 경지에 도달해 있었다.

물론 언어를 배우는 데 내 성격도 한몫을 했다. 친구들과 어울려 놀기 좋아하는 외향적인 성격이 언어를 습득하는 데에 분명히 도움이 되었다. 그러나 놀다 보니 자연스럽게 영어를 터득했다고 생각하면 큰 오산이다. 나는 그야말로 피나는 노력을 했다. "노력으로 재능을 만들 수 있느냐"라고 묻는 수많은 친구에게 이렇게 말하고 싶다.

"그래, 맞아. 재능을 가진 친구들이 죽도록 노력하면 넌 죽어도 못 따라가. 그러나 네가 가진 모든 열정을 다해 노력하고 수고하며 눈물이 나도록, 땀이 피가 되도록 노력해 봐. 그러면 너의 노력으로 재능을 만들 수 있어. 그리고 천재가 되지는 못하더라도 분명히 수재는 될 수 있지. 살아 보니까 죽으라고 노력하는 사람은 뭐가 되더라도 되더라고."

그렇다면 노력을 한다는 것은 어느 정도 수준을 말하는 걸까? 소설가 조정래의 말이 그 해답을 줄 수 있을 것 같다.

"자기가 노력을 한 게 자기 스스로 감동하게 할 정도가 되어야 그게 정말로 노력하는 것이다."

어떻게 보면 '자뻑'이라고 볼 수도 있겠으나 스스로 감동할 정도까지 노력하지 않고 어떻게 남들에게 자신 있게 "나는 노력했다"라고 말할 수 있겠는가!

이쯤해서 이 장에서 말하고자 하는 본론을 얘기해야겠다. 죽도록 노력하는 데에 가장 필요한 것이 무엇일까? 그것은 바로 '열정'이다. 의지적으로 노력을 할 수 있지만, '열정'이 없는 노력은 오랫동안 힘을 유지할 수 없다. 금방 지치기 쉽다는 말이다. 노력을 뛰어넘어 무언가에 미칠 수 있도록 여러분을 이끌 엔진은 바로 '열정'이다.

무엇이 열정인가!

　열정이란 단어는 사전에서처럼 한마디로 정의할 수 있는 간단한 것이 아니다. 열정은 보인다. 눈에 띈다. 느낄 수 있다. 감지할 수 있다. 주변 사람들에게 전염된다. 눈빛만 봐도 알 수 있다. 무엇엔가 사로잡혀 있기도 하고 사로잡게 하는 힘도 있다.

　우리로 하여금 무엇엔가 미치게 하는 힘이 바로 열정이다. 나는 열정 없이 무엇을 이룬 사람을 본 적이 없다. 세상은 이 열정 가득한 사람들에 의해 이끌려 간다. 아무리 돈을 많이 준다고 해도 하지 않을 일들을 열정 하나로만 불태우는 사람들이 있다.

　무엇인가 이루고자 하는 사람에게서 공통적으로 느낄 수 있는 것이 바로 열정이다. 열정을 지닌 사람들은 항상 신바람이 나 있다. 자신이 애정을 쏟는 것을 향해 사랑의 불을 지피고 그 사랑의 불이 계속 살아 있도록 만든다.

'열정'은 일부의 특정한 사람들만이 가지고 있는 것이 아니다. 얼핏 보기에는 음악가, 미술가, 스포츠인처럼 예술이나 특수한 분야에 있는 사람들에게 특별히 더 나타나는 것 같지만 열정은 모든 사람의 영혼 깊은 곳에 잠재되어 있다. 우리의, 특히 젊은이의 숙제는 누구나 가지고 있는 각자의 열정을 끄집어내어 활활 타오르도록 불을 지피는 것이다. 삶의 활력이요, 무한의 에너지가 될 열정의 불꽃에 뜨거운 불씨를 옮기도록 해야 한다.

열정은 삶에 대한 의욕이다.
열정은 인생을 이끄는 힘이다.

다시 한 번 명심할 점은 열정이 없는 사람은 없다는 것이다. 각자 표출하는 방법이 다를 뿐이다.

2002년 월드컵 당시 대한민국은 축구에 대한 열정으로 하나가 됐다. 그 열정은 엄청난 원동력이 되어 우리 모두를 움직이는 힘이 됐고 온 국민의 마음을 하나로 만들었다. 수백만 명의 시민들이 광화문에 모여 "대~한민국!"을 외치던 그 열기는 바로 열정에서 비롯한 것이다.

· 라이프 업

"열정은 인생이라는 기관차를 움직이는 힘이다. 물은 끓고 난 다음에 수증기를 발생시킨다. 엔진은 증기 게이지가 212℃를 가리키기 전에는 1인치도 움직이지 않는다. 열정이 없는 사람은 미지근한 물로 인생이라는 기관차를 움직이는 사람이다. 이때 일어날 수 있는 오직 한 가지 현상. 그는 멈춰 버리고 말 것이다. 열정은 불 속의 온기이며 모든 살아 있는 존재의 숨결과 같은 것이다"라고 인천국제항공사 CEO인 이채욱은 그의 저서 《백만 불짜리 열정》에서 고백한다.

열정의 온도를 높여 증기 게이지 212℃에 이르면 앞 장에서 언급한 삶을 향한 태도, 습관, 나의 가치에 대한 고민을 자연스럽게 해결할 수 있다. 태도, 가치, 습관은 인생이라는 기관차를 움직이는 데 반드시 필요한 요소들이지만, 무엇보다도 시동을 걸고 모든 부품에 에너지를 공급하며 앞으로 나아가게 하는 힘은 바로 '열정'에서 비롯한다.

혹시 삶이 뜻하는 대로 나아가지 않는다면, 여러분의 열정의 온도를 재어 보라.

어쩌면 여러분의 열정이 1℃쯤 모자랄지도 모른다. 그렇다고 실망하거나 자책하지는 말자. 온도를 높이면 되니까! 여러분은 충분히 할 수 있다!

열정의 스타일

　열정에 대한 오해가 있다. 열정을 겉으로 볼 수 있는 액션이라고 생각하는 것이 바로 그것이다. 조용하고 얌전한 사람들은 열정이 없는 것처럼 보인다. 나서거나 설치는 사람들은 상대적으로 더 큰 열정이 있는 것처럼 보일 수도 있다. 나처럼 성격이 활발하고 활기차 보이는 사람은 분명히 더 열정적으로 보일 수 있다. 그러나 그것은 외형적인 모습일 뿐이다. 겉으로 드러나지 않는 열정도 분명 존재한다. 열정의 온도와 크기는 결코 겉모습만으로 측정할 수 있는 것이 아니다. 물론 나는 어떤 일을 진행하는 데 에너지 넘치고 활력 넘치는 모습을 많이 보이지만 어디까지나 그것은 내 스타일이다. 각자의 스타일대로 열정을 발산하면 된다.

나는 내가 좋아하고 관심 있는 부분이 있으면 내 주변 사람들에게 많이 알리고 이야기하는 편이다. 감동 있는 영화를 보거나 좋은 책을 읽으면 누가 뭐라 하지 않아도 나서서 꼭 보거나 읽으라고 권하는 편이다. 그것도 아주 열정적으로 말이다. 누가 나에게 돈 한 푼 준 적 없고, 그렇다고 돈이 되는 일도 아닌데 내가 앞장서서 말이다.

그러나 모든 사람이 다 그런 것은 아니다. 느낌과 감정을 표현하고 표출하는 방법은 각각 다르다. 열정을 표현하는 방법은 각자 다르지만 열정이 있는 사람에게서는 분명히 그 사람이 가지고 있는 열정의 에너지를 느낄 수 있다. 진정한 열정은 내면에서 흘러나와 주변 사람들에게 스며들 것이다. 그 온기가 느껴진다. 진정한 열정이라면 느껴질 수밖에 없다.

열정에 대한 사전적 의미를 찾아보자.

열정: 어떤 일에 열렬한 애정을 가지고 열중하는 마음(국립국어원 사전)

Passion: An intense desire or enthusiasm for something(어떤 것에 대한 강한 바람 또는 열심, 옥스퍼드 사전)

여기에 나만의 정의를 하나 더 보태고자 한다.

열정이란 어떤 일에 대한 꾸준한 관심과
지속적인 에너지를 발생하게 하는 힘이다!

우리가 보이는 대부분의 열정은 양은 냄비처럼 순간적으로 확 끓어오르다가 금방 식어 버리는 수준이다. 맨 처음에는 확신에 차서 지대한 관심을 쏟고, 온갖 애정과 열심을 보인다. 그러다 몇 달, 아니 몇 주도 안 되어서 식어 버리는 경우가 허다하지 않은가?

방송 중에 내가 애청하는 〈생활의 달인〉이라는 프로그램이 있다. 우리가 보기에는 정말 별것도 아닌 일이지만 꾸준히 지속하다 보니 그 영역, 그 분야에서는 전문가가 되는 단계를 뛰어넘어 달인의 경지에 이른 사람들을 소개하는 프로그램이다. 여기에서 재미있는 현상은 똑같은 일을 더 오래 많이 해 왔음에도 달인의 실력에 훨씬 미치지 못하는 사람들이 많다는 것이다.

왜 그럴까? 재능의 차이 때문일까? 아니다. 그 일을 대하는 태도에 이유가 있다. 그리고 그 일에 대한 남다른 열정에 좀 더 근본적인 차이가 있다. 대부분의 달인들은 이구동성으로 자신들이 하는 일이 꼭 좋아서 한 것이 아니라 해야만 하기 때문에 하다 보니 어느 순간 달인이 되었다고 말한다. 하지만 상세히 들여다보면 그들은 자신의 일을 대충대충 되는대로 하지 않는다. 아주 사소하고 미세한 차이를 발견하고 더 효율적으로 잘 해내기 위해서 자신의 모든 에너지를 그 일에 쏟아붓는다. 누가 시켜서도 아니고, 더 빨리 많이 한다고 돈을 더 받는 것이 아님에도 불구하고 달인들은 자신의 일에 평범한 사람들과는 차원이 다른 열정을 보인다는 것이다.

꾸준한 관심과 지속적인 에너지를 쏟아붓는 일은 결코 쉽지 않다. 하지만 열정이 있다면 누구나 해낼 수 있는 일이기도 하다는 걸 명심하자!

나를 미치게 하는 일이 무엇인가?

'죽어도 한 번 이렇게 살아 봤으면 좋겠다'라고 하는 게 있는가? 내 모든 것을 다 걸어서라도 꼭 해 보고 싶은 무엇인가가 있는가?

열정은 저절로 생겨나지 않는다. 내 가슴을 움직이는 무엇인가 있어야 한다. 열망이 있어야 한다. 갈망이 있어야 한다. 헝그리(hungry) 정신이 있어야 한다. '난 이 일을 하면 내 인생은 정말 행복할 거야!' 아니면 '난 이 일을 꼭 해야만 해'라고 하는 사명과 소명이 있어야 한다. '내가 아니면 이 일을 누구도 할 수 없어'라는 확신이 있어야 한다.

젊은이들은 무엇엔가 미쳐 볼 수 있는 기회가 있다. 실수도 용납되고 실패해도 재기할 수 있는 삶의 여유가 있다. 그래서 나는

· 라이프 업

젊은이들에게 무엇이든지 자기가 좋아하는 일에 미쳐 보라고 종종 권면한다. 자기가 좋아하는 일이 아니더라고 내가 꼭 해야 할 일이라면 미쳐 보라고! 대충대충 설익은 듯이 살지 말고 온 힘을 쏟아부어 보라고!

나에게 열정이 없다는 말은 내가 정말 미치도록 하고 싶은 일이 없다는 다른 표현일 수도 있고, 나에게 꿈이 없다는 말일 수도 있으며, 과거의 실패로부터 아직 자유하지 못하다는 말일 수도 있고, 아무것도 하고 싶지 않다는 말일 수도 있다. 하지만 그것이 무슨 이유든지 간에 열정이 없다는 말은 자신의 삶에 대한 주체적인 의지가 없다는 뜻으로 귀결된다.

젊은이들이여, 여러분의 가슴 깊은 곳을 들여다보라.
그리고 여러분의 인생을 만족스럽게 살아갈 수 있는
그 무엇인가를 찾아라.

2013년 7월 12일. 불과 열여섯 살의 한 소녀가 UN 대표들 앞에서 연설을 한다. 그 모습은 전 세계로 생중계되고 있었다.

"그래서 내가 지금 여기에 섰습니다. 수많은 소녀 중 하나에 불과한 제가 말입니다. 나는 내 자신을 위해 말하려는 게 아니라 자기들의 목소리를 낼 수 없는 사람들의 이야기가 들려지게 하려고 섰습니다. 그들은 자기들의 권리를 위해 싸우고 있는 사람들이며, 평화롭게 살 권리, 존엄하게 대접받을 권리, 평등한 기회를 얻을 권리, 교육받을 권리를 위해서 싸우고 있는 사람들입니다."

이 연설을 하기 5년 전 그 소녀는 자신의 소박한 소원이라면서 BBC 방송 블로그를 통해 공부하고 싶은 마음을 알리기 시작했다. 소녀가 사는 파키스탄의 한 지역은 탈레반이 장악하고 있었고 소녀가 국제사회에 호소하고 있다는 것을 알게 된 탈레반은 이 지역에서 학교를 폭파하고 소녀들이 학교에 다니는 것을 전면 금지했다. 그러나 이 소녀는 계속해서 블로그를 통해서 학교에 다닐 수 있도록 국제 사회에 호소했다.

소녀의 열망은 국제 사회에 알려지기 시작했다. 그러던 2012년 10월 9일, 하굣길에 이 소녀가 탄 버스에 탈레반이 들이닥쳤다. 소녀는 탈레반의 총탄에 두개골을 맞아 부근의 병원으로 옮겨졌으나 의식을 찾지 못했다. 그러나 국제 사회의 도움으로 이 소녀는 영국에 있는 병원으로 호송되어 최고의 의료진이 그녀의 생명을 구한다. 그리고 바로 1년 후에 UN에서 당당하게 연설을 하는 자리에 선 것이다. UN은 2013년 7월 14일 말랄라의 열여섯 번째 생일을 맞아 말랄라의 여성 교육에 대한 열정과 용기를 높이 평가하며 7월 17일을 '말랄라의 날'로 선언했다.

그리고 1년 후 2014년 10월 10일, 역대 최연소인 17살의 나이에 노벨 평화상 수상자로 지명된다. 바로 파키스탄에 살고 있는 말랄라 유사프자이의 이야기이다. 이 어린 소녀가 열정을 불태운 이유는 단 한 가지, 공부를 하고 싶다는 것이었다. 자신뿐 아니라 다른 여자 친구들도 학교를 다닐 수 있도록 해 달라는 그 한 가지 간절한 바람뿐이었다. 그것 때문에 목숨의 위협을 받았지만 소녀는 굴복하지 않았다. 그 열여섯 살 소녀의 UN 연설이 아직도 귓가에 울린다.

우리의 책과 펜을 집어 듭시다.
그것들은 가장 강력한 무기입니다.
(Let us pick up our books and pens.
They are the most powerful weapons.)

10대 소녀의 인생을 움직이고 세상을 뒤흔든 것은 공부에 대한 열정이었다.

크리스의 열정 스토리 2

나는 대학 시절을 미국에서 보내면서 세 가지 일에 미쳐 있었다. 그중 두 가지는 앞의 장에서 언급했던 영어와 독서이다. 그리고 마지막 하나가 바로 테니스이다. 중학교 시절 테니스는 내게 꿈의 스포츠였다. 학교 운동장 한쪽에 테니스장이 있었는데, 체육 선생님과 다른 선생님들이 테니스를 치는 것을 보면 정말 환상적이었다. 먼발치에서 선생님들이 테니스를 치는 모습을 보면서 얼마나 치고 싶었는지 모른다. 그런데 그 꿈의 기회가 미국에 오니 생겼다. 동네마다 공동 테니스장이 있었고 밤에는 야간 경기를 할 수 있도록 불이 켜져 있었다. 그때 당시 마트에서 몇 천 원짜리 라켓을 구입해서 정말 죽도록 테니스를 연습했다.

한여름 체감 온도 40도를 웃도는 시카고의 무더위에도 테니스

공을 가지고 나가 혼자서 500개의 서브를 연습하기 전까지는 집에 들어오지 않겠다고 다짐했던 기억이 생생하다. 밤에 잘 때도 테니스 라켓을 가슴에 품거나 머리맡에 두고 잔 적이 한두 번이 아니다. 그 정도로 테니스가 좋았다. 일주일 동안 죽어라 하고 아르바이트를 해서 모은 돈 전부를 써서 최고로 좋은 최신 라켓을 구입했다. 그렇게 사 모은 라켓이 서너 개나 있었다. 새로 출시되는 테니스 라켓에 대한 모든 정보, 선수들의 세계 랭킹을 꿰차고 있는 것은 기본이고, 경기들을 녹화해서 유명 선수들의 폼과 스타일을 연구했다. 테니스에 대한 책과 잡지들을 정기 구독해서 열심히 보고 읽으며 공부했다.

그 당시에 내 인생은 두 가지로 나뉘었다. 테니스를 칠 수 있는 날과 없는 날. 내 인생에서 20대 시절은 테니스를 빼놓고는 말할 수 없을 정도로 테니스가 차지한 부분은 상당히 컸다.

나는 테니스를 통해 무엇인가에 열정적으로 빠지고 미치는 것이 무엇인지 알게 되었다. 지금도 운동을 좋아하고 계속하는 이유는 테니스에 대한 열정 때문이다. 어떤 것에 대한 열정이 또 다른 열정으로 이어질 수 있고, 열정적으로 어떤 일에 몰두하는 느낌이 무엇인지 매우 잘 안다. 나는 그 열정이 좋다. 참으로 좋다.

이런 열정이 있니?

내가 몸담고 있는 대학의 학과에서는 대부분 전문 분야를 공부한다. 외식산업학부에 커피바리스타 전공 학생들이 주로 있는 수업에서 강의 중 이런 이야기를 나누었다.

"만약 내가 바리스타를 전공하는 학생이라면 어떻게 했을까요? 나는 일단 최고의 바리스타가 되기 위해 무엇을 해야 할까 고민해 볼 것 같아요. 그리고 우선은 학교에서 교수님들의 강의를 열심히 듣고 실습에도 최선을 다할 겁니다. 그러나 난 거기서 멈추지 않고 일주일에 몇 시간이라도 아르바이트를 해서 돈을 모을 겁니다. 그리고 최소한 일주일에 한 번씩 전국의 커피 맛으로 이름난 유명한 카페나 바리스타를 찾아갈 거예요. 디지털 카메라를 가지고 가서 메뉴와 매장 인테리어를 사진으로 찍어 오고, 몇 잔의 커피를 맛볼 거예요. 사전에 카페 주인이나 바리스타에게 연락을 해서 인터뷰 요청도 하고 미리 준비해 간 질문들을 할 거예요. 그러고는 돌아와서 내 블로그에 내가 방문했던 카페에 대한 모든 정보와 느낌을 기록할 거예요. 바리스타와 한 인터뷰 내용도 올리고, 찍어 온 사진도 포스팅을 하고 말이지요. 그렇게 1년을 하면 52개, 2년이면 100여 개의 방문 기록이 내 것이 되겠지요. 여름방학이나 겨울방학에는 시간을 내서 전국 투어를 하거나, 좀 더 돈을 모아서 미국이나 유럽까지 가 보는 것도 정말 좋을 것 같아요. 이렇게 몇 년 동안을 하면 그 나름 실력 있는 전문가가 되어 있지 않을까요?"

이런 게 바로 열정의 모습 아닐까? 내가 하고자 하는 일, 내가 가고자 하는 길, 내가 좋아하는 일에 미쳐 가는 과정, 바로 이것이 열정 아닐까? 이 정도의 열정도 없이 과연 나는 내가 가고 싶은 길을 갈 수 있을까? 그리고 그 길에 보람과 의미를 느낄 수 있을까? 그 길에서 행복을 느낄 수 있을까? 열정 없는 인생에서 행복을 찾기란 힘들 것 같다는 생각이 든다.

지속적인 열정을 갖지 못하는 이유

누구든지 무엇엔가 확 빠져들어 갔다가 불과 얼마 되지 않아 또는 몇 달 만에 포기해 본 경험이 있을 것이다. 왜 그랬을까? 그 이유를 한 번 고민해 보았다.

1. 시작해 보니 생각했던 것보다 재미가 없다

흥미를 잃어버린 경우이다. 대개는 쉽게 흥미를 가졌다가 쉽게 포기하는 사람들이 이런 특징을 보인다. 밖에서 볼 때 그럴듯하기도 하고 재미있어 보여서 시도해 봤더니 실제로는 자신의 처음 생각과는 전혀 다른 경우가 종종 있다. 내 경우 색소폰을 배울 때 그랬다. 유명한 소프라노 색소폰 연주자 케니 G의 연주를 듣고 엄청난 감동을 받았다. 그래서 시작한 색소폰은 배우기도 힘들었고 생각보다 정말 재미가 없었다.

2. 생각했던 것보다 훨씬 힘들고 어렵다

대부분의 경우이다. 헬스를 시작했다가 포기한 사람들의 경우
가 좋은 예가 아닐까? 연초에 마음먹고 열정적으로 시작한 운동
이 오래가지 못한다. 헬스클럽이 돈을 버는 가장 큰 이유 중 하나
가 많은 사람들이 3개월, 6개월 치 회원권을 끊어 놓고 몇 번 가
지 않고 포기하기 때문이라고 한다. 큰마음 먹고 시작한 운동이
지만 지속적으로 꾸준히 하기란 생각보다 어렵다. 처음 하고 나
면 힘들고 피곤하며 적응하기 힘들어서 쉽게 포기한다.

3. 미래, 장래성이 없다

다른 말로 하면 밥 먹고살기 힘들 것 같아서이다. 아마 예체능
쪽으로 꿈을 키우는 청년들이 부모님으로부터 가장 많이 듣는
이야기일 것이다. 실용음악을 전공하는 학생들 가운데에 부모님
과 한바탕 전쟁을 치르고 학교로 온 친구들의 이야기를 종종 듣
는다. 부모님들은 하나같이 이런 말을 했다고들 한다. "음악으로
성공하기가 얼마나 힘든데!" "실용음악 해서 앞으로 뭐하고 살
건데!" "아무나 하는 거 아니다!"

4. 나보다 잘하는 사람들이 너무 많다

자신감 결여의 또 다른 말. 아마 이것이 열정을 잃어버리고 포기하는 가장 큰 이유가 아닐까. 내 나름 열정을 가지고 시작했던 일이지만 하다 보니 주변에 나보다 능력이나 실력이 확연하게 뛰어난 사람들을 보게 된다. 그러면 자신감이 결여되기 시작하면서 흥미도 없어지고 열정도 점점 식는다. "내가 이 일을 계속할 수 있을까? 과연 이 일을 성공적으로 할 수 있을까? 이 경쟁을 이길 수 있을까?"라면서 반신반의한다.

5. 적성에 안 맞는다

종종 듣는 말이다. "해 보니까 나하고 안 맞아. 내 스타일이 아니야. 이건 아닌 것 같아. 내가 생각한 것과 완전 다르네" 등등의 이유를 댄다. 진짜 그럴까? 아니면 하기 싫은 걸까? 정말 자기 성격에 맞지 않는 걸까? 혹시 귀찮고 힘든 건 아닐까?

사실 무엇인가에 열정을 가지다가 나중에 결국 포기하는 이유는 위에서 언급한 것 중 한 가지만이 아니라 여러 가지 이유가 복합적으로 작용한 탓일 것이다. 물론 다 그런 것은 아니겠지만 우리가 대는 대부분의 이유는 핑계에 불과하다고 생각한다. 《습관의 힘》의 저자가 공부를 잘하는 학생은 지능 지수가 꼭 높아서가 아니라 의지력과 자제력이 뛰어나기 때문이라고 말했듯이 열정을 잃어버리는 이유는 꾸준하지 못하고 금세 싫증을 내기 때문일 수 있다.

세상에서 가장 힘든 것이 처음 가졌던 그 마음, 그 느낌, 그 감정, 그 열정을 죽을 때까지 유지하며 사는 것이다.

내가 무엇인가를 포기하고 열정을 잃어버렸다면 왜 그런지 곰곰이 고민해 보았으면 좋겠다. 그리고 스스로에게 솔직해지기를 바란다. 정말 핑계가 아닌가? 빠져나갈 탈출구를 찾기 위해서가 아니었는가?

나에게 열정에 대한 동기 유발을 시켜 주는 문구가 있다.

네가 경쟁해야 할 대상은 누구도 아닌,
다름 아닌 어제의 너 자신이다!
(The only person you should try to be better than,
is the person you were yesterday.)

이것은 포기하고 싶을 때, 핑계를 대고 싶을 때, 더 이상 아무것도 하고 싶지 않을 때 정신을 차리게 해 주는 말이다. 나는 내 인생을 남과 경쟁하면서 살고 싶지 않다. 물론 내가 피할 수 없을

· 라이프 업

경우도 있을 것이다. 하지만 그러한 경쟁에서 내가 누구보다 더 잘하고, 더 못하고는 사실 그리 중요하지 않다. 가장 중요한 것은 과연 나는 어제의 내 모습보다 오늘 더 나아지고 있는가 하는 문제이다. 나의 경쟁 대상은 항상 나 자신이다. 그래서 더 무섭다. 더 두렵다. 더 떨린다.

가슴에 불을 지르자

"아침에 나를 깨우는 것은 알람이 아니라 열정이다."

어깨가 천근만근 무겁고 실눈을 뜨기에도 힘들 정도로 피곤한 아침에 나를 눈뜨게 하는 것은 무엇일까? 나의 하루를 시작하게 하는 동기는 무엇인가? 내 가슴에 불을 지르는 무언가가 있는가? 앞에서 계속 이야기했듯 그 원동력은 바로 열정이다! 그러므로 내 삶을 누구보다 가치 있도록 만들기 위해서 필요한 것은 바로 '열정'이다. 제일 먼저 그 열정을 찾자. 나를 미치게 하는 것, '이것 없으면 정말 안 돼' 하는 바로 그것을 찾아보자.

열정은 그냥 생기거나 만들어지지 않는다. '열정=몰입+집중+열심+끈기'라는 공식이 성립해야 가능하다. 일시적인 분위기나 감정으로 생겨나는 것은 열정이 아니라 순간 무엇에 홀린(infatu-ation) 것이다.

여러분은 지금 어디에 어떤 모습으로 서 있는가?

월간지 〈샘터〉에서 오래전 흥미로운 제목을 본 기억이 있다.

"재능이 아니다. 열정이다. 인간을 움직이는 것은."

여러분을 움직이는 것은 무엇인가?

"내가 그림을 그린 게 아니라 그림이 나를 이끌었다."

세계 최고의 천재 미술가 피카소가 한 말이다. 이게 열정이 아니고 뭐란 말인가? 그림을 향한 열정이 자신을 이끌었다는 의미가 아닌가?

무엇이 여러분을 이끌고 있는가?
무엇을 향한 열정으로 살고 있는가?
여러분을 움직이는 것은 무엇인가?

열정 Passion

열정을 찾는 것만큼 중요한 것은 열정을 유지하는 것이다. 화롯불이든 모닥불이든 그 불을 유지하려면 그 안에 계속해서 불씨를 살려야 한다. 그러려면 불이 꺼지지 않도록 계속 땔감을 공급해야만 그 불을 유지할 수 있다. 많은 경우 이를 유지하지 못해 잠시 잠깐 동안 불이 타오르다 얼마 못 가 새까만 재만 남지 않는가! 내 가슴에 불을 꺼뜨리지 않는 방법을 찾아야 한다.

Recipe 1   열정을 공유할 친구들을 찾아라

동일한 취미, 생각, 꿈을 가진, 같은 길을 가는 사람들과 함께하라. 함께 발전하고 전진할 수 있다. 한 사람이 지치면 다른 사람이 밀어 주고 끌어 줄 수 있다. 꿈을 위해서는 혼자 미치는 것보다는 함께 미치는 것이 좋다. 서로를 격려해 줄 수 있는 친구들이 있다면 꿈은 훨씬 가까이에 와 있다. 이와 관련하여 가슴에 담아 둘 만한 친구에 대한 명언이 성경에 있다.

"두 사람이 한 사람보다 더 나은 것은 협력하므로 일을 효과적으로 할 수 있기 때문이다. 만일 두 사람 중 하나가 넘어지면 다른 사람이 그를 도와 일으킬 수 있으나 혼자 있다가 넘어지면 그를 도와 일으켜 주는 자가 없으므로 그는 어려움을 당하게 된다."(전도서 4:9-10 현대인의 성경 번역)

열정과 함께 태도와 습관을 갖춰라

열정은 태도와 습관이라는 친구를 만나야 한다. 긍정적이고 열정적인 태도를 유지하고 그것을 삶의 한 부분으로 습관화해야 한다. 에머슨은 "열정이 없는 것처럼 행동하면 자신에게도 열정이 없는 것처럼 느껴진다. 열정 없이 성취된 위업은 하나도 없다"라고 말했다. 열정은 태도이기도 하다. 열정은 나 자신에게 주문을 거는 것과 같다.

열심히 한다는 말의 의미를 나는 이렇게 정의한다. 내가 아는 모든 방법과 수단을 동원하는 것이다. 모든 창의적인 방법을 다 활용해 보는 것이다. 내가 하고 있는 것을 더 잘할 수 있는 모든 방법을 알아보고 전문가, 친구, 멘토, 코치의 조언을 구하는 것이다. 내가 가진 꿈과 열정을 나 홀로 이룰 수 없다. 많은 젊은이가 여기에서 실패한다. 나 혼자만의 열심과 열정으로는 역부족이다. 내가 가고자 하는 길에 다른 이들의 도움을 구하라. 구하라. 찾아라. 문을 두드리라.

Recipe 3 **멘토를 찾아라**

누구든지 열정이 식어 들고 꿈이 안개 속에 가려질 때가 있다. 포기하고 싶고 방향이 잡히지 않을 때가 있다. 이때 나에게 다시 불을 질러 줄 스승이 필요하다. 나에게 따끔한 소리와 일침을 던져 줄 인생의 멘토를 찾아야 한다. 꿈을 찾아가는 길에 결코 홀로 갈 수도 없고 가서도 안 된다. 인생의 안내자가 우리 모두에게 필요하다.

5장

지혜

Wisdom

• • • • •

인생의 목적과 그것을 성취하는 방법을 깨닫는 것이 바로 지혜이다.

_톨스토이

인생을 꿰뚫어 보는 통찰력을 가져라

　스승이 죽기 전에 사랑하는 제자들에게 열일곱 마리의 양을 남겨 주었다. 첫 번째 제자에게는 열일곱 마리의 양 중 2분의 1, 두 번째 제자에게는 3분의 1, 그리고 막내인 세 번째 제자에게는 9분의 1을 나누어 가지라는 내용이었다. 스승이 죽은 후에 이 세 제자는 혼란에 빠졌다. 이게 무슨 과일이나 야채도 아니고 나무도 물건도 아닌데 어떻게 열일곱 마리의 양을 2분의 1로 나누고 3분의 1로 쪼개어 나누어 갖는다는 말인가?

　제자들은 난감했다. 아무리 고민해도 해결책이 없었다. 그렇다고 누구 하나 덜 갖겠다면서 양보하는 이가 없었다. 오랜 고민 끝에 한 지혜 있는 어른을 찾아가서 여쭈어 보기로 했다. 첫 번째 제자가 물었다.

"어르신, 어떻게 해야 이 양 열일곱 마리를 돌아가신 스승님이 원하시는 대로 공평하게 나누어 가질 수 있습니까?"

그 지혜 있는 어른은 잠시 생각하더니 그들에게 다음과 같이 제안했다.

"나에게 아주 좋은 생각이 있다네. 내가 자네들에게 양 한 마리를 선물로 주면 어떻겠나. 그러면 모든 문제가 다 해결될 것 같은데 말이야."

그렇다. 열일곱 마리의 양에 한 마리를 더하니 열여덟 마리가 되었다.

"자, 이제 열여덟 마리의 양이 있으니 첫 번째 제자가 열여덟 마리의 2분의 1인 아홉 마리를 가지고 가면 되겠네. 두 번째 제자는 열여덟 마리의 3분의 1인 여섯 마리를 가지고 가면 되고. 그리고 막내는 열여덟 마리의 9분의 1인 두 마리를 가지고 가면 다 공평하게 분배한 것이 되겠지."

세 제자들은 몹시 기뻤다. 오랫동안 고민했던 그들의 문제가 단순하게 해결되었다. 그런데 신기하게도 그 어른이 말씀한 대로 다 나누어 가졌는데도 양 한 마리가 아직도 남아 있었다. 첫 번째 제자 아홉 마리, 둘째 여섯 마리 그리고 셋째가 두 마리를 나누어 가졌으니 다 더하면 열일곱 마리이기 때문이다.

그 어른은 허허허 웃으시면서 말씀하셨다.

"자, 자네들의 모든 문제가 해결되고 아직도 그 양 한 마리가 남았으니 내가 다시 가지고 가겠네!"

아주 오래전 어디선가 읽었던 삶의 난제를 해결하는 지혜가 담긴 재미있는 이야기다.

Smart한가, 안 Smart한가?

우리는 대부분 스마트폰에 설정해 둔 알람 소리에 깨어 일어난다. 눈을 뜨자마자 페이스북이나 트위터를 체크한다. 카카오톡에 새로운 메시지가 왔는지 확인한다. 이메일을 체크한다. 오늘의 날씨를 살펴본다. 일정을 체크하면서 오늘 해야 할 일들, 오늘 일정을 확인하고 침대에서 나온다.

우리는 스마트 시대에 살고 있다. 스마트폰, 스마트 TV, 스마트 푸드, 스마트 카드, 스마트 워치, 스마트 냉장고, 스마트 에어컨. 제품에 스마트라는 단어가 안 들어가면 스마트하지 않은 느낌을 준다. 21세기 현대인들의 키워드는 스마트이다. 스마트(Smart)라는 영어 단어는 '눈치 빠른', '재치 있는', '영리한', '현명한' 등의

· 라이프 업

의미를 가지고 있다.

　스마트폰은 현대인들의 삶을 180도 바꾸어 놓았다. 어린아이들부터 나이 많은 어른들까지 스마트폰을 사용하는 것을 쉽게 볼 수 있다. 스마트폰은 우리 삶의 일상이 되었고 스마트폰 없이는 아무것도 할 수 없을 정도가 되어 버렸다. 하루 24시간 일주일 168시간 우리에게 가장 친밀하고 떼어 놓을 수 없는 친구, 스마트폰. 과연 그 친구는 우리를 얼마나 스마트하게 만들어 주고 있을까?

　스마트폰이 우리의 삶의 효율성을 높여 주었다는 사실을 누구도 부인할 수 없다. 이런 스마트한 기기의 등장으로 분명히 우리 삶이 편해지고 나아졌다. 그렇지만 삶의 질이 그만큼 향상되었을까? 과연 스마트폰이 우리의 삶의 질을 높여 주고 있을까? 우리의 삶이 과연 더 스마트해졌을까?

　21세기는 지식과 정보의 시대이다. 새로운 소식이 빠르게 퍼지고, SNS는 세계 곳곳에서 일어나는 일들을 빛의 속도로 전해 주고 있다. 이 모든 것은 스마트폰에 의해 실시간으로 전달된다.

기업들은 정보 전쟁을 하고 있다. 정보는 곧 지식이고, 지식은 곧 힘이 되며, 힘은 곧 기업의 이윤으로 전환되기 때문이다.

엄청난 정보와 지식의 홍수에도 불구하고 우리는 더 스마트해 졌는가? 개인이 더 많은 정보와 지식을 소유함으로 인해 우리 개 인의 삶에 나아진 것은 무엇일까? 더 스마트해지고 더 현명해졌 다고 말할 수 있을까? 오히려 그 반대로 이 스마트한 기기에 의 존하다 보니 우리는 더 안 스마트해지지 않았을까? 혹시 스마트 한 기기가 우리를 더 바보로 만들어 놓은 것은 아닐까?

잃어버리고 잊힌 기술, 지혜

영어 위키 피디아 사전에서는 '지혜'에 대해 "사람, 사물, 사건 또는 상황 등에 대한 깊은 이해(understanding), 인식(realization)으로 이해력을 가지고 통찰, 판단 그리고 행동에 적용할 수 있는 능력"이라고 정의한다.

국립국어원 국어사전에서는 "사물의 이치를 빨리 깨닫고 사물을 정확하게 처리하는 정신적 능력"이라고 정의한다.

이런 맥락에서 보면 내가 얼마나 지혜로운 사람이기에 감히 이 주제에 대하여 쓸 수 있을까 하는 생각이 든다. 얼마나 삶에 대한 통찰력과 판단력이 훌륭하고 존경스럽기에 지혜에 대하여 이야기할 수 있을까?

내가 지혜에 대해 쓸 수 있는 단 하나의 명백한 이유는 지혜에

대한 열망 때문이다. 나는 지혜에 대한 강한 갈망이 있다. 이 세상을 살면 살수록 지혜의 필요함을 절실하게 느낀다. 젊은 시절 지혜를 더 갈망하고 더 고민했으면 하는 아쉬움도 든다. 청년의 시절 누군가가 지혜에 대한 중요성을 이야기해 주었더라면 얼마나 좋았을까 싶다.

요즘은 누구도 삶을 지혜롭게 사는 방법에 대해 이야기해 주지 않는다.

스마트해져라. 똑똑해져라. 공부를 열심히 많이 해라. 많은 지식을 쌓아라. 좋은 대학을 가라. 실력을 쌓아라. 최신 정보를 소유해라. 유명한 세미나에 참석하라. 재미있는 강의에 등록하라. 최고의 강사가 가르치는 영어 학원을 찾아라.

이렇게 삶을 살아가는 전략만을 가르칠 뿐이다. 삶을 살아가는 데 필요한 근본적이고 본질적인 가르침은 어디에서도 찾아볼 수 없다.

그 누구도 "지혜 학교(Wisdom School)"에 입학 원서를 내라고 격려하거나 권면하는 사람이 없다. 21세기 현대인들에게는 지혜 학교는 더 이상 존재하지 않는다.

전통적으로 우리 민족은 어른들의 이야기를 들으면서 자라 왔다. 할아버지, 할머니가 살아온 이야기를 통해서 삶의 지혜를 배웠다. 어르신들의 이야기를 귀담아 들으며 그들의 삶의 고난과 역경, 그들의 실패담과 성공담, 그들의 한, 그들의 한평생 살아온 무용담을 들으며 자랐다. 그러면서 자연스럽게 인생에 대한 통찰력을 얻었다. 그러나 현대 사회는 더 이상 이럴 수 없는 구조가 되어 버렸다. 모든 교육은 교육 기관에서만 감당한다. 부모들도 자녀들의 교육에 대하여 손을 놓을 수밖에 없다.

KBS 다큐멘터리 〈공부하는 인간〉에서 유대인들의 탁월한 교육에 대해 소개를 했는데, 그 방법이 매우 인상적이었다. 일반적으로 우리는 자녀들이 학교에서 돌아오면 주로 "오늘 공부 잘했니? 선생님 말 잘 들었지? 숙제는 뭐니?"와 같은 질문을 한다. 그런데 유대인들은 학교에서 돌아온 자녀에게 "오늘 선생님에게 무슨 질문을 했니?"라고 묻는다는 것이다. 세계 인구의 0.2%에 불과한 유대인들이 역대 노벨상 수상자 중 23%, 미국 아이비리그 대학 교수 중 30%를 넘는 비율을 차지할 수 있는 이유는 바로 이런 부모들의 지혜로운 교육법에 담겨 있지 않나 생각해 보게 된다. 유대인들에게는 이런 지혜 학교가 있다.

지식, 잔꾀, 꼼수는 지혜가 아니다

공부를 많이 하고 잘 한다고 해서, 명문 대학교를 졸업했다고 해서, 나이가 많다고 해서, 어른이라고 해서, 경험이 풍부하다고 해서 지혜로운 사람이 아니며, 인생에 대한 통찰력을 가졌다고 말할 수 없다('만약 나이가 지혜를 가져다준다면, 나이 먹은 사람 중에 어리석은 사람이 없어야 한다'라는 영국 속담이 말해 주듯 말이다).

우리는 불행하게도 많은 지식을 소유한 사람, 고등교육을 받은 사람들이 더 지혜로울 것이라고 착각하고 있다. 공부를 많이 한 사람들, 훌륭한 대학에서 교육을 받은 사람들은 인생을 보는 남다른 통찰력이 있을 거라고 확신한다. 하지만 우리는 종종 이런 사람들이 말도 안 되는 어리석은 판단과 결정을 내리는 것을 보기도 한다. 공부를 많이 한 사람들이 자신의 영역에서 정확한 분석과 판단을 내릴 수 있을지는 모르겠지만 삶에 대한 통찰력이 더 깊다고 보기는 힘들다.

아인슈타인이 이런 말을 했다.

> 지혜란 학교 교육의 부산물이 아니라
> 평생 동안 그것을 얻으려고 노력하는 데에 있다.
> (Wisdom is not a product of schooling
> but of the lifelong attempt to acquire it.)

반면에 잔꾀와 꼼수의 대가들이 있다. 그들을 통해 학원에서 가르쳐 주는 시험에 대한 노하우와 스킬, 시험 문제를 족집게처럼 집어 주는 능력을 터득한다. 그러고는 약삭빠르게 자기 살 길을 찾아 빠져나가려고 한다.

얼핏 보기에 그들이 민첩한 행동의 소유자로 여겨질지 모르지만 천만에 말씀이다. 이렇게 요령만 있는 사람은 결국 남을 등쳐먹고 곤경에 빠뜨리는 사기꾼들이거나 꾀를 부리고 잔머리만 잘 돌아가는 가벼운 사람에 지나지 않는다.

우리는 남들이 생각해 내지 못한 전략적 수단을 생각해 내는 사람들을 주변에서 종종 볼 수 있다. 과연 이들은 지혜로운 사람들이고 삶에 대한 통찰력을 가지고 있다고 말할 수 있을까!

내 대답은 매우 명쾌하다.

NO!

지혜에 대한 크리스의 정의

1. 지혜는 삶에 대한 올바른 통찰력이다

지혜는 무엇이 옳고 무엇이 그른지 판단할 줄 아는 삶의 통찰력이다. 무엇이 사랑하는 것이고, 무엇이 사람을 위하는 것인가, 무엇이 살리는 것이고, 무엇이 좋은 일이며, 무엇이 아름다운 것인가를 아는 능력이다!

2. 지혜는 올바른 판단을 내리는 판단력이다

공부를 많이 했다고 해서, 지식이 풍부하다고 해서 상황을 제대로 볼 수 있는 능력을 소유했다고 볼 수는 없다. 인생에서 예기치 않게 찾아오는 수많은 상황들 가운데 가장 유익하고 선한 길을 찾

· 라이프 업

기란 쉽지 않다. 지혜는 가장 빠른 길로 가는 지름길을 제공할 수도 있지만 그보다는 늦더라도 가장 올바른 길로 인도할 것이다. 인생에는 선택을 해야 하는 순간이 수도 없이 많이 존재한다.

인생은 선택이다.

이때 필요한 것이 바로 지혜이다.

지혜란 사는 동안 겪게 되는 모든 상황 가운데에서 올바른 판단을 할 수 있도록 해 준다. 이러한 통찰력을 가지고 가장 훌륭한 선택을 할 수 있다면 그 인생은 정말 의미 있고 행복할 수 있다.

3. 지혜는 본질과 핵심을 파악하고 추구하는 능력이다

삶의 길목에서 만나는 문제, 고민, 갈등, 걱정, 혼돈, 논란, 이슈, 사건, 논쟁. 과연 이런 것들은 왜 일어났는가? 누가 책임져야 하는가? 해결책은 무엇인가? 재발하지 않도록 방지할 수 있는가? 누가 이 문제를 가장 잘 알 수 있는가? 지혜로운 사람들은 삶의 문제들 안에 존재하는 본질을 읽을 줄 안다. 피상적인 현상만을 보는 것이 아니라 그 뒤에 그리고 그 안에 있는 실체(reality)를 보는 능력을 지니고 있는 것이다.

4. 지혜는 슬기이다

지혜는 삶의 도리를 추구하고 정직하며 양심에 부끄럽지 않게 행동하고 처신하는 것이다. 지혜는 그저 통찰력과 판단력으로 끝나는 것이 아니라 행동으로 옮기는 것이다. 올바른 통찰력과 올바른 판단력은 행동으로 이어진다. 이것이 참 지혜이다.

· 라이프 업

지혜 학교: 삶의 지혜, 어떻게 얻는가?

지혜는 우리 삶에 이런 놀라운 유익을 준다. 그렇다면 우리는 어떻게 지혜를 얻을 수 있을까? 지혜를 가르칠 수 있을까? '지혜 입문 강좌'를 개설하면 어떨까? 유대인들은 전통적으로 탈무드에 자신들의 삶에 대한 지혜를 담았다. 성경에서도 지혜서라고 부르는 〈잠언〉, 〈시편〉, 〈전도서〉에 인생의 지혜를 담고 있다.

아인슈타인의 말을 다시 한 번 생각해 보자. "지혜란 학교 교육의 부산물이 아니라 평생 동안 그것을 얻으려고 노력하는 데에 있다." 그렇다. 지혜는 구하고 찾으며 두드리는 데에서 비롯한다. 그러면 구체적으로 어떤 문을 찾고 두드려야 할까? 하나하나 알아가 보자!

1. 독서하기

독서는 간접 경험이다. 책을 통해 작가들의 사상과 통찰력을 습득하게 된다. 고전과 좋은 문학 책들을 통해 자연스럽게 삶에 대한 깊은 통찰력을 느끼며 배우게 된다. 개인적으로 정말 사랑하고 좋아하는 천사 같은 작가 고 장영희 교수는 문학의 기능, 즉 독서의 기능을 이렇게 정리한다.

어떤 학생이 제게 문학이라는 것은 어떤 기능이 있느냐고 물었습니다. 어린아이가 찻길에 뛰어들어 차에 막 치이려고 할 때 문학은 무엇을 할 수 있느냐는 거지요. 맞습니다. 문학은 달려오는 차를 막아 주는 방패막이가 될 수 없습니다. 하지만 위기에 처한 그 아이를 본 누군가가 '나한테 어떤 위험이 닥칠지 모르지만 저 아이를 내가 구해야겠다' 생각하게 만들 수는 있어요. 겉보기에는 본능의 힘 같아 보일지 모르지만, 저는 문학을 읽은 힘이 그러한 순간에 그런 형태로 나타난다고 생각합니다.

_장영희의《어떻게 사랑할 것인가》중에서

문학을 통해서 간접적으로 무엇이 옳고 그르며, 무엇이 사랑

· 라이프 업

하는 것이고, 무엇이 사람을 위한 것이며, 무엇이 살리는 일이고, 무엇이 아름다운 것인가를 알고 깨닫는 능력이 점차 생겨난다고 나는 믿는다. 책을 읽고 읽은 내용들을 되새기는 작업을 통해서 지혜의 깊은 우물을 파 내려갈 수 있다. 그래서 책을 읽고 내 나름 독후감 비슷하게라도 내가 배우고 느낀 점들을 정리해 두는 과정이 필요하다.

2. Reflection(한 번 더 깊이 생각해 보기)

Reflection이라는 단어는 '빛을 반사하다. 거울에 비추다'라는 뜻의 동사 reflect에서 왔다. 무엇인가에 반사되고 비추어짐으로 인해서 볼 수 있게 된다. 그래서 '숙고하다, 곰곰이 생각하다'의 확장적 의미도 가지고 있다. '무엇에 자기 자신을 비추어 보는 과정' 자체가 자기 성찰이요, 반성일 것이다.

나는 내 강의를 듣는 학생들에게 강의를 들은 후 강의 내용에 비춰서 느낀 점(Reflection)을 강의가 끝나고 48시간 안에 이메일로 네다섯 문장 정도 써서 보내라고 한다. 내용 요약이 아니라, 그날 강의 내용을 바탕으로 자신이 생각한 것을 쓰게 하는 것이다. 무엇을 배운 후 그저 듣고 외우는 것으로 끝나는 것이 아니라 생각해 보는 훈련을 하게 하고 싶다. 배운 것을 다시 한 번 정리하고 자기의 생각을 더하도록 하기 위해서다. 이런 과정을 통해 배운 것을 내면화(internalization)하여 자기의 것으로 만들 수 있다. 더 나아가서 내 삶에 일어나는 일들, 친구와의 관계, 부모와의 관계, 내 주변에 일어나는 일들에 대해 무심코 흘려보내는 것이 아니라 다시 한 번 더 생각해 보는 습관을 가질 수 있다. 이렇게 내 느낌과 생각을 기록하는 습관을 갖게 되면 분명히 그를 통해 지혜를 더할 것이다.

우리가 살고 있는 현대 사회는 생각할 여유나 기회를 별로 주지 않는다. 웬만한 것들은 구글이나 네이버, 다음 같은 검색 창에서 쉽게 답을 구할 수 있기 때문이다. 답을 찾기 위해 책을 펼치고 노트를 찾아 보고, 생각해 보는 과정이 우리 삶 속에서 생략되어 가고 있다. 정말 안타깝다. '젊은이들이 검색은 하지만 사색은 하지 않는다'라고 누군가 말했던 것처럼 모든 것을 쉽게 해결하려고 한다. 마치 인스턴트 식품을 주식으로 먹고사는 사회가 되어 가는 것 같은 느낌이다.

3. 주도적인 삶을 살기

인생을 주도적으로 살면 지혜가 생긴다. 그저 일어나는 일들을 수동적으로 처리하는 것보다는 내가 일들을 주도적으로 이끌어 가는 것이다. 어떤 일이 일어나기 전에 미리 생각해 보는 것이다. 공부를 잘하는 사람들의 특징 중 하나가 시험에 어떤 문제가 나올지 예측하면서 공부한다는 것이다.

내가 선생님이라면 어떤 문제를 낼 것인가 미리 생각해 보는 것이다. 회의에 들어가기 전에 내가 내놓을 안건에 어떤 반대 의견들이 있을까 미리 예측해 보는 것이다.

인생을 계획하고 목표를 설정하고 하루하루를 살아가는 사람과 별생각 없이 무작정 하루의 일과에 치여서 사는 사람, 이 둘 사이에는 하늘과 땅의 차이가 있다. 목표와 계획이 있는 삶은 주도적인 삶이고 미리 생각해 보고 사는 지혜로운 삶을 향한다.

4. 경험으로부터 지혜 얻기

두 돌이 채 되지 않은 아기에게 엄마가 경고한다.

"그거 만지면 아야 해요!" 반복해서 몇 번이나 경고하지만 두 살배기 아기의 호기심을 막기에는 역부족이다. 엄마가 한눈을 판 사이 아기의 울음소리가 퍼진다. 기어코 뜨거운 다리미를 만진 것이다. 흥미로운 것은 다리미에 손을 댄 아기는 다음부터 절대 그 뜨거운 다리미를 만지지도 않고 곁으로 가지도 않는다는 사실이다. 인생의 쓴 경험을 한 것이다. 그는 한 가지 중요한 지혜를 얻는다. "저걸 또 만지면 내 인생이 힘들어진다!"

우리는 갓난아기 때부터 지금 이 순간까지 수많은 경험을 해왔다. 좋은 경험, 나쁜 경험, 긍정적인 경험, 부정적인 경험을 했고, 그 안에 실패와 실수도 담겨 있고 성공도 담겨 있다. 그 많은 경험으로부터 우리는 지혜를 얻고 통찰력을 소유하게 된다. 하지만 가만히 앉아 있는다고 해서 얻을 수 있는 것은 없다. 관찰하고 깊이 생각해야만 얻을 수 있다.

미국 칼럼니스트인 사번트(Marilyn vos Savant)는 "지식은 공부해야 얻어지지만 지혜는 관찰해야 얻어진다(To acquire knowledge, one must study; but to acquire wisdom, one must observe)."라고 말했다. 그렇다! 실수와 실패를 반복하지 않는 지혜를 얻으려면 되돌아보고 생각하며 관찰해야 한다. 내가 이룬 성공을 반복하려면 그 성공을 얻게 된 이유를 관찰해야 한다.

누구나 실수한다. 누구나 실패한다. 원숭이도 나무에서 떨어진다. 그러나 성공하는 사람은 자신의 실수와 실패로부터 배우는 자이며 같은 실수를 반복하지 않는 자이다. 그러나 진짜 어리석은 자들은 동일한 실수와 실패를 반복한다. 자신의 문제에 대한 깊은 통찰력이 없기 때문이 아닐까!

5. 애정남 찾기

나는 젊은 나이에 목회자고 되고, 더욱이 지금은 교수라는 직업을 가지다 보니 많은 사람에게 항상 조언을 해 주는 위치에 있었다. 지혜를 구하는 젊은이들에게 내 생각과 경험들을 나누어 줄 때가 많았다. 조금만 주위를 둘러보면 우리 주변에 지혜를 나누어 줄 수 있는 사람들이 많이 있다. 이때 놓치지 말아야 할 것은 우리가 그들로부터 배울 수 있는 것이 많다는 점이다.

한때 많은 인기를 끌었던 개그 프로그램의 한 코너였던 〈애정남〉을 기억할 것이다. 애정남은 '애매한 것을 정해 주는 남자'를 줄인 말로 우리가 살아가면서 어떻게 해야 할지 모르는 애매한 것, 무엇이 옳고 그른지 결정하기 힘든 것을 판단하는 기준을 세워 주는 코너였다.

얼핏 보기에 〈애정남〉은 웃음과 재미를 추구했지만 실상은 가슴을 후벼 파며 우리의 삶을 되돌아보게 하는 내용들을 많이 다루었다.

이와 같이 우리 주변에는 애정남들이 있다. 우리가 배우려는 겸손과 열린 마음의 소유자라면 우리는 애정남들로부터 인생에 도움이 되는 조언과 지혜를 얻을 수 있다. 그 좋은 것들을 우리의 것으로 만들 수 있다. 애정남을 찾아라! 그들의 경험을 들어라! 그리고 인생의 지혜를 얻어라!

6. 나만의 명언 만들기

나는 책상이나 벽, 컴퓨터 옆에 감동을 주는 격언들과 지혜의 말들을 붙여 놓는다. 그런 말들은 나를 자극하기도 하고 인생에 대하여 생각하게도 한다. 역사 가운데 훌륭한 인물이 많다. 그분들로부터 삶의 지혜를 배울 수 있다. 그들이 인고 끝에 내어 놓은 주옥과 같은 인생의 진리와 지혜의 격언들은 가슴에 새기고 또 새겨야 한다.

- 다른 사람의 실패로부터 배우라. 당신은 모든 사람의 실패

· 라이프 업

를 다 겪어 볼 수 있을 정도로 오래 살 수는 없다. _엘리너 루
스벨트

- 변명 중에서 가장 어리석고 못난 변명은 시간이 없어서이
다. _에디슨

- 오늘의 책임을 피함으로써 내일의 책임을 피할 수는 없
다. _에이브러햄 링컨

- 남의 책을 많이 읽어라. 남이 고생하여 얻은 지식을 아주
쉽게 내 것으로 만들 수 있고 그것으로 자기 발전을 이룰
수 있다. _소크라테스

- 최고의 선이란 물과 같다. 물이란 능히 만물을 이롭게 하
되 다투지 아니하고, 모든 사람이 싫어하는 낮은 곳에 처
한다. 그러므로 도에 가까운 것이다. _노자의《도덕경》

- 여기 간단하지만 유용한 행동 지침이 있다. 사람들이 너
희에게 무엇을 해 주면 좋겠는지 자문해 보아라. 그리고
너희가 먼저 그들에게 그것을 해 주어라. 하나님의 율법
과 예언자들의 설교를 다 합한 결론이 이것이다. _예수 그
리스도

여기에서 한 발짝 더 나아가 나만의 명언, 격언, 지혜의 문구를

만들어 보자. 힘들고 포기하고 싶을 때 내가 만들어 놓은 인생의 명언은 자극과 격려를 불어넣어 줄 것이다. 그리고 내 나름 인생에 대한 나만의 생각을 함축해 놓은 지혜일 수도 있다.

그런 의미에서 내가 만든 나만의 명언들을 소개하겠다.

크리스의 인생 명언

- 한 번밖에 살 수 없는 인생, 한 분뿐이신 하나님을 사랑하고, 한 번밖에 모험할 수 없는 인생, 최고의 인생을 살아라!(One life to live, One God to love, One life to risk, Live Your Best!)
- 안 하고 싶은 이유는 백 가지이지만 해야 할 이유는 딱 한 가지이다. "네가 해야만 하기 때문이다. 그러니까 해라!"
- 인생은 취미가 아니다!
- 아마추어처럼 살지 말고 프로처럼 인생을 살아라!
- 원래 인생은 불공평하다. 그러니 불평하지 말라. 불공평한 세상에서 네가 이길 수 있는 유일한 방법은 최선을 다하는 것이다.
- 피곤하면 모든 것을 멈추고 잠깐 자라!

- 책을 손에서 놓지 마라. 놓는 순간 너는 침체되기 시작한다.
- 젊게 사는 방법은 특별할 게 없다. 젊게 살면 된다.

이러한 말들은 내가 살아오면서 인생에 대해 느낀 것들을 함축해 놓은 것들이다. 삶에 대한 나만의 지혜이고 나에게 도전과 용기를 주는 말들이다. 나로 하여금 다시 한 번 크리스의 관점에서 세상을 보게 해 준다. 크리스만의 지혜이다.

지혜 Wisdom

어떻게 하면 지혜를 얻을 수 있을까? 나는 '지혜의 학교'에 입학하라고 권한다. 지혜의 학교란 우리 삶의 도처에 존재하고 있다. 그렇다면 그곳에 어떻게 들어갈 수 있을까? 오픈 마인드로 눈을 크게 뜨고, 귀를 열어 사방을 둘러보라. 그러면 어느 순간 자신이 지혜의 학교에 들어와 있음을 알게 될 것이다.

Recipe 지혜 학교 입학 원서 내기

자격 조건: 겸손과 배우기 원하는 마음을 소유한 누구나

입학금: 열정과 시간

특혜: 투자하는 만큼 얻을 수 있음

필독서: 구하라! 찾아라! 문을 두드려라!

교과 과정:

1. 독서를 통해 인생의 교훈 정리하기

2. 삶에 일어나는 일들을 관찰하거나 경험하면서 느낀 통찰력 기록하기

3. 인생의 멘토를 찾아서 정기적으로 인생 이야기 나누기

4. 나만의 인생 지혜 문구 100개 만들기

5. 혼자서 조용히 명상의 시간을 가지고 자신을 되돌아보는 시간 갖기

· 라이프 업

6장

독서
Books

• • • • •

책 없는 방은 영혼 없는 육체와도 같다.

A room without books is like a body without a soul.

_키케로(Cicero)

새로운 세상을 보여 주는 친구가 있는가?

책 읽기를 싫어하는 병만족!(병만족: 정글이나 오지에서 살아남아야 하는 서바이벌 TV 프로그램인 〈정글의 법칙〉에서, 김병만이라는 개그맨이 리더 역할을 하면서 파생된 말이다. 이번 장에서는 책을 읽지 않고 오로지 살아남는 전략에만 관심을 둔 채 일차원적 삶을 살아가는 요즘 젊은이들을 병만족에 비유해 봤다.)

왜 그럴까? 왜 '책'이라는 말만 나오면 알레르기 반응부터 먼저 일으킬까? 그들이 서점에 들른 적이 언제일까? 교과서를 빼고 지난 6개월 동안 사고 읽은 책은 무엇이 있을까? 컴퓨터에서, 스마트폰에서 엄청난 서핑을 하는 친구들! 검색은 하면서 사색은 하지 않는 병만족이여! 카페에서 5,000원짜리 프라푸치노 한 잔 사 먹는 데에는 별생각이 없으면서 왜 책과는 담을 쌓고 살까? "왜 책을 읽어야 할까?" 고민조차도 하지 않는 병만족!

병만족은 그 나름의 이유를 갖고 있을 것이다. 우리 문화 저변에 깔려 있는 '실용주의(pragmatism)' 때문일 것이다. 병만족은 당장 하루하루 살아남기 위해서 매일 먹을 것과 마실 것을 구하고, 잠자리를 마련해야 한다. 주변의 위험으로부터 자신을 돌봐야 하는 압박감에 사로잡혀 있다.

병만족의 최우선 과제는 서바이벌(survival)이다. 생존이다. 살아남아야 한다. 학원(과외)에서 선행 학습을 해서 좋은 점수를 받아야 하고, 수능 점수를 고민해야 하며, 대학에 와서는 스펙으로 삼을 수 있는 토익 점수, 인턴십, 해외 연수, 자격증에 매달려 있다. 그나마 남은 시간이 있으면 아르바이트를 향해 달려가야 한다. 병만족은 살아남는 게 최우선이다. 살아남아야 할 것 아닌가? 아마도 이런 병만족을 향하여 감히 돌을 던질 수 있는 사람은 아무도 없을 것이다.

그리고 병만족은 'instant gratification(순간 만족)'이라는 중독에 걸려 있다. 카페에서 아이스 아메리카노를 한잔하면서 수다를 떨면 스트레스가 한 방에 날아간다. 페이스북에 실시간으로 올라오는 뉴스피드, 카카오톡에서 쉬지 않고 울리는 "카톡왔숑"

은 우리의 눈과 귀를 자극한다. 스마트폰에서는 모든 검색이 가능하고, 모든 질문과 궁금증에 대한 답을 찾을 수 있다. 이런 병만족에게 '책'이나 '독서'는 사치에 불과하다. 과연 그럴까?

나는 이런 병만족들에게 독서는 미래를 열 수 있는 좋은 도구이면서 통로라고 말해 주고 싶다.

'순간 만족'과 '서바이벌' 때문에 병만족은 하루하루, 내 앞에 있는 것들만 치다꺼리하면서 살아가고 있다.

왜 책을 읽는가? 왜 책을 읽어야 하는가? 이 질문에는 수많은 답이 있을 수 있지만, 그 무엇보다도 "독서를 통해 상상의 나래를 펼 수 있는 창의성(creativity)과 스스로 생각할 수 있는 사고력(ability to think)을 발전시킬 수 있다." 그래서 물고기를 잡아 하루하루 연명하는 삶에서, 농사를 하고, 배를 만들며, 집을 지을 수 있는 능력이 바로 거기에서 나오는 것이다.

그리고 독서를 통해 순간 만족에 길들여져 있는 병만족들의 눈과 귀, 입이 병만족들의 영혼과 내면을 충족시키는 새로운 맛을 알게 될 것이기에! 새로운 종족의 탄생을 위하여!

책을 다 읽을 시간이 없으면 최소한 만지고 쓰다듬기라도 해라. 쳐다보기라도 해라.

영국의 가장 위대한 총리, 윈스턴 처칠(Winston Churchill)이 한 말이다.

이 한마디가 나의 마음과 생각을 얼마나 잘 표현해 주는지 모르겠다. 사람들에게 종종 이런 이야기를 한다. 나는 음악과 커피, 책이 있으면 행복하다. 이 세 개는 나에게 떼어 놓을 수 없는 친구들이지만 셋이 함께 뭉치면 내 인생에서 가장 좋은 시너지 효과를 낸다. 그중에서 지난 30여 년간 내 곁에서 떠나지 않은 친구, 내가 떠나지 않은 친구는 바로 책이다. 아침에 눈을 떠서 커피 다음으로 제일 먼저 손에 잡는 것이 책이고, 하루를 마감하면서 손에서 놓는 것이 책이다. 내 인생에서 마지막으로 눈을 감을 때 내 손에 어떤 책을 쥐고 있을지 궁금하다.

나에게 책이란!

    책은 인생에서 지금까지 나에게 어떤 존재인가? 책은 나의 친구이자 나의 멘토, 나의 가이드, 나의 동반자, 나의 사랑, 나의 스승, 나의 치료자, 나의 안식처 그리고 나의 도피처이다. 책이 있어서 행복하고 책이 있어서 인생이 즐겁고 기쁘다. 나는 어린 시절부터 책을 읽으면서 상상의 나래를 펴기도 하고 꿈을 키우기도 했다.

    어린 시절부터 책 속에서 수많은 사람을 만났다. 간디도 만났고, 정약용도 만났으며, 이건희도 만났고, 톨스토이도 만났으며, 오프라 윈프리도 만났고, 백범 김구도 만났으며, 헤르만 헤세도 만났고, 나폴레옹도 만났으며, 정도전도 만났고, 하루키도 만났으며, 넬레 노이스하우스도 만났고, 빌 게이츠도 만났으며, 스티브 잡스도 만났고, 헨리 나우웬도 만났으며, C.S. 루이스도 만났고, 조정래도 만났으며, 바보 빅터도 만났고,《미생》의 주인공 장그래도 만났다. 시간과 공간을 초월해서 내가 만나고 싶었던 사람들과 만나야만 하는 사람들을 만났다.

나는 독서하면서 여행을 떠난다. 상상할 수 없는 곳으로 떠난다. 그곳에서 내가 만날 수 없었던 사람들을 만난다. 그들과의 만남을 통해 인생에서 경험할 수 있는 삶의 모든 감정을 느낀다. 슬픔, 외로움, 사랑, 이별, 웃음, 기쁨, 아쉬움, 배신, 용서, 아픔, 고통, 죽음. 그들과의 만남을 통해서 인생을 배운다. 인생의 실패와 성공을 배운다. 인생에는 딱 한 가지 길만 있는 것이 아니고 딱 한 가지 정답만 존재하는 것이 아님을 배운다. 인생에는 한 가지 색깔만 존재하는 게 아니라 수백, 수천, 수만 가지의 색깔이 존재한다.

나는 독서하면서 목소리를 듣는다. 책 속의 주인공이 나에게 큰 소리로 말할 때도 있고, 아주 가까이서 귓속말로 들려줄 때도 있다. 어떨 때는 아무 말도 하지 않지만 그래도 들린다. 어떨 때는 무슨 말을 이야기하는지 전혀 이해가 되지 않는다. 그럴 때는 호흡을 가다듬고 아주 조심스럽게 집중하면서 듣는다. 어떨 때는 아무것도 듣지 못할 때가 있다. 그건 그들이 말하지 않기 때문이 아니라 내가 듣고자 하지 않기 때문이라는 것을 알게 되었다.

누군가가 나에게 "그렇게 책을 좋아하고 많이 읽었는데 그 정도밖에 인간이 되지 못했느냐?"라고 묻는다면, "그래도 이 정도 인간이 된 것은 책을 사랑해서입니다"라고 말할 것이다. 놀기 좋아하고, 공부하기 싫어하며, 책상 앞에 앉아 있는 건 죽기보다 싫어했던 크리스. 약간의 ADHD(주의력 결핍 과잉 행동 장애)의 기질이 있어 뭔가에 집중하기 힘든 내가 그래도 가만히 앉아 읽고 사색을 할 수 있도록 인내심을 키워 준 것이 바로 책이다.

청소년 시절 미국으로 이민을 간 후 영어 한마디 못하던 내가 뜨거운 집념을 가지고 영어 공부를 할 수 있도록 도와준 것도 책이었다. 미국에 간 지 불과 1년 조금 지난 때였다. 여름방학 기간 동안 노벨 문학상 수상자 헤르만 헤세의 베스트셀러 다섯 권을 영어로 읽어야겠다고 작심했다. 그리고 한국말로도 어려운 책들을 이해가 되든 안 되든 읽기 시작했다. 수천 개의 영어 단어들을 일일이 하나하나 두꺼운 사전을 찾아가면서(전자 사전이 없던 시절이다.) 읽었던 기억이 아직도 생생하다. 책을 읽는 건지 단어를 찾는 건지 모를 정도로 힘들었다. 물론 그 어려운 내용을 다 이해할 수 없었지만, 그래도 그해 여름방학 내내 다섯 권의 헤르만 헤

세 책들과의 씨름은 내 인생의 전환점이 되었다. 무엇보다 책과 영어에 대한 사랑이 깊어지기 시작했다.

대학교를 다니면서도 점심을 먹을까, 사고 싶은 책을 살까 고민하다가도 원하는 책을 손에 쥐면 얼마나 행복했는지! 그래서 지난 30년 넘도록 모아 놓은 책들이 만 권이 넘는다. 물론 다 읽은 것은 아니지만 한 권 한 권 정성을 쏟으며 모은 책들이다. '책을 고르고 또 고르면서 한 권의 책을 살 때가 가장 행복한 순간이었다'라고 하면 너무 과한 표현일까! 사실 책을 읽을 때보다 살 때가 더 행복하고 짜릿하다.

한 번 책에 빠지면 밤을 새워 가며 읽었다. 20, 30대 때에는 하루 종일 씻지도 먹지도 않고 책만 읽어서 눈이 침침해 앞을 못 볼 정도였던 적이 한두 번이 아니었다. 책을 읽듯 공부를 그렇게 열심히 했으면 분명히 하버드 대학에 들어갔을 텐데! 책과 놀았고 책과 살았다. 하지만 내 인생에서 가장 잘한 일 중 하나라고 생각한다.

· 라이프 업

만 원으로 인생을 살 수 있다면

　젊은이들은 특별히 책을 읽는 데에 투자해야 한다. 독서는 의무나 숙제가 아니라 삶의 일부분이 되어야 한다. 책은 친구이다. 친구 없이 혼자 있으면 외롭지 않은가. 책은 떠나지 않고 항상 내 곁을 지키는 좋은 친절한 친구이다.

　"처음 책을 읽을 때는 한 사람의 친구와 알게 되고, 두 번째 읽을 때에는 옛 친구를 만난다"라는 중국 속담이 있다. 비슷한 말들이 있다. "좋은 책을 처음 읽을 때는 새 벗을 얻은 것과 같고, 전에 정독한 책을 읽을 때는 옛 친구를 만나는 것과 같다." 프랑스 작가인 생피에르도 "좋은 책은 친구이다"라고 말했다. 이것은 경험으로 깨달아 알게 된 것이고 수많은 사람들의 뼛속 깊은 곳에

서 우러나온 말이다. 친구를 외롭게 하지 마라. 친구 없이 기나긴 인생의 여정을 걸어가면 여러분도 외롭고 힘들다. 친구와 그 여정을 함께 떠나라! 분명히 여러분의 인생이 풍성하고 행복해질 것이다.

젊은이들에게 강의 때마다 빼놓지 않고 하는 말이 있다. "단돈 만 원으로 한 권의 책을 사는 것은 한 사람의 인생, 세계, 철학, 가치관 그리고 전문 분야를 사는 것이다." 우리는 한 권의 책을 사지만, 그 저자는 그 책을 쓰기 위해 고군분투하면서 일생을 투자했을 것이다. 프라푸치노와 라테 값으로 작가의 인생 전부를 사는 것이다.

윌리엄 워즈워스의 말처럼 "책은 한 권 한 권이 하나의 세계이다." 철학자 소크라테스의 말에 귀를 기울여 보자. "남의 책을 많이 읽어라. 남이 고생하여 얻은 지식을 아주 쉽게 내 것으로 만들 수 있고 그것으로 자기 발전을 이룰 수 있다." 생각 없이 사 마시는 커피 몇 잔으로 우리는 다른 사람이 살았던 한 인생을 사는 것이다. 그리고 꿈을 사는 것이다. 새로운 세상을 사는 것이다.

우리는 책을 읽으면서 새로운 세계를 맛보고 경험한다. 책은 우리를 미지의 세계로 인도한다. 그리고 그 세계에서 떠나서 나올 때에는 우리는 세상을 보는 새로운 렌즈를 끼고 나오게 된다.

젊은이들이여,
만 원으로 여러분의 인생을 바꿀 수 있는
책을 한 권 골라라!

책에 미쳐 보자! 미쳐야 하는 이유가 있다

나는 어렸을 적에 만화에 미쳐 있었다. 나는 동네에 있는 만화 책방에서 안 읽은 만화가 없었다. 엄마에게 그렇게 혼나 가면서도 몰래몰래 만화책을 읽었다. 왜 만화책에 빠져 있었는가? 재미있기 때문이다. 만화를 통해서 상상할 수 없는 세계를 꿈꿀 수 있어서 정말 좋았다. 만화책을 통해서 나만의 세상을 만들어 갔다.

책은 나에게 한 단계 업그레이드된 만화책이었다. 만화책이 재미있었듯이 재미있는 책들을 읽기 시작하면서 독서에 취미가 붙었다. 그리고 그 취미가 삶이 되었다.

감동과 재미의 장

자기 계발서를 읽든 소설을 읽든 에세이를 읽든 책을 읽기 시작하면 잔잔한 감동으로 시작해서 쓰나미 같은 파도가 몰아쳐 오는 듯한 감동을 느낄 수 있다. "아하, 그렇구나! 맞아, 이렇게 살아야 돼! 내가 생각하지 못했던 것이네! 이런 이유가 있었구나! 나라면 어떻게 했을까? 살다 보면 이럴 때도 있구나! 참 어떻게 이런 생각을 할 수 있지! 나도 이렇게 살고 싶다!"

책은 나로 하여금 감탄사와 질문을 자아내게 만든다. 책을 통해 이런 감동을 느낄 수 있다. 세상을 살아가면서 이런 감동과 흥분, 느낌이 없다면 인생이 너무 밋밋하다. 세상에는 오감을 자극하는 수많은 것이 존재하지만, 내면의 세계를 자극하면서 인생을 풍요롭게 하는 것은 그리 많지 않다. 인스턴트 음식에 길들여진 우리의 영혼이 슬로 푸드로 다시 거듭나야 한다. 세상은 만만치 않기에 우리에게는 감동과 활력소가 필요하다. 책은 감동 덩어리이다. 느끼지 못하고 생각하지 않았던 나로 하여금 느끼고 깨닫게 한다. 한 권의 책이 가져다주는 감동과 느낌은 우리가 상상할 수 없을 정도로 훨씬 크고 놀랍다.

배움의 장

책은 새로운 세계를 열어 준다. 내가 알지 못하고, 경험해 보지 못했던 미지의 세계를 내 눈앞에 열어 준다. 책은 나를 지식의 세계로, 철학의 세계로, 신앙의 세계로, 지혜의 세계로, 사랑의 세계로 그리고 인생의 세계로 이끌어 준다.

책 한 권 한 권을 손에 잡을 때마다 설레는 마음이다. 또 어떤 새로운 세계로 나를 이끌까? 내가 알지 못했던 어떤 새로운 삶의 느낌을 가져다줄까? 오늘 이 작가를 통해서 나는 인생이라는 큰 명제 앞에 어떤 삶의 통찰력을 얻을 수 있을 것인가?

새로운 정보와 지식 습득의 장

돈과 재정에 대하여 문외한이던 나는 어느 날 결심했다. 최소한 이 분야에 대해서만큼은 관심을 넘어서 재정 관리에 대한 기본 지식을 쌓고 미래를 준비해야겠다는 생각이 들어서였다. 그래서 그 분야의 20권 정도의 베스트셀러를 주문했다. 경영, 재정, 투자, 재테크 등등 여러 기본서 및 전문 서적을 읽고 나니 빠른 시간 안에 이 분야에 대한 지식을 습득하게 되었고 내 나름 미래를 준비하는 밑거름이 되었다.

책은 내가 원하는 분야에 대한 정보와 지식을 습득할 수 있는 좋은 도구이다. 짧은 시간에 큰돈을 들이지 않고 누구든지 자기가 원하는 전문 지식을 공부하고, 배울 수 있는 시대가 열렸다. 만약 내가 가고 싶은 인생의 길이 있고, 그쪽 분야나 전공이 맞는가를 알아보려면 최소한 20권 정도의 책을 읽어 보라고 젊은이들에게 항상 권한다. 막연하게 생각하거나, 비전문가들에게 어설픈 조언을 구하지 말고 그 분야에 대한 책들을 읽어 보면 어느 정도 감을 잡을 수 있다.

나는 사회와 문화 그리고 시대의 흐름을 알기 위해 한 달에 서너 번씩 대형 서점을 찾는 편이다. 그리고 그때마다 항상 베스트셀러 섹션을 찾는다. 미국에서도 반스앤노블 서점을 자주 찾았다. 베스트셀러 목록만 봐도 사회의 관심과 흐름이 어디로 가는지 감지할 수 있다.

사색과 인내의 장
독서는 나로 하여금 책상에 가만히 앉게 하는 참 좋은 친구이다. 항상 활동적이고 바쁘게 움직이는 것을 좋아하는 나를 아무것도 하지 못하도록 묶어 놓는 친구이다. 나를 차분하게 만들고 호흡을 고르도록 도와준다. 책을 읽는 시간은 내 생각을 정리하고 삶을 정돈하는 때이다. 나의 감정이 일정해진다.

독서는 정신없이 쳇바퀴 돌 듯 바쁘고 생각 없이 살아가는 현대인들의 일상에서 그래도 잠시 영혼의 쉼터가 될 수 있다. 지금 읽고 있는 책을 쓴 작가의 목소리나 주인공을 통해서 우리의 삶을 되돌아보고 다시 한 번 재정비할 수 있는 기회를 얻을 수 있다.

스마트폰과 인터넷을 통해 실시간으로 뜨는 소식과 SNS에 매료되어 눈을 떼지 못하는 사람들이 너무나 많다. 생각할 여유가 없다. 스마트폰을 한 시간만 꺼 보라! 새로운 세상이 기다리고 있다. 두 시간을 꺼 두면 새로운 세상을 만들 수 있다!

독서, 이렇게 시작해 보자

세상에는 읽어야 할 책들이 정말 많다. 그 수많은 책 중에서 어떤 책을 읽을지를 결정하기란 여간 어려운 게 아니다. 책을 읽어 보지 않은 사람에겐 더더욱 그렇다. 그러기에 그들을 위한 추천 리스트가 여기저기에 많이 존재한다.

얼마 전 반드시 읽어야 할 인문학 100선 리스트를 보고 나는 기겁했다. 그 지루하고 어려운 책들의 목록을 보고 있자니 독서에 취미를 붙이고 싶어 하는 젊은이들이 잘못하면 책으로부터 더 멀리 도망갈 수도 있다는 생각이 들었다.

읽고 싶은 책을 읽어라

내 입맛에 맞는 책을 읽어야 독서에 재미를 느낄 수 있다. 누가 재미있고 좋다고 해서가 아니라, 지금 인기 있는 베스트셀러라서가 아니라 관심 있는 분야와 흥미를 자극하는 책으로 시작하면 좋다. 책은 무작정 읽기 시작하는 것이 중요하다.

책을 많이 읽지 않는 젊은이들의 문제점 중 하나는 중도에 포기하는 것이다. 50~60쪽 정도 읽다가 흥미를 잃고 금세 포기한다. 대부분의 경우 초반부에는 어떤 이야기나 사건의 도입 부분에 속하기 때문에 흥미롭지 않을 수도 있다. 마의 고지인 100쪽을 넘어야 한다. 극복해야 한다. 100페이지를 넘어가면 책에 집중하게 되고 책에 빠져들 수 있다.

분량이 적은 책을 선택하라

만약 오늘부터 책을 읽어야겠다는 결심이 섰다면 분량이 적고 쉽게 읽을 수 있는 책을 먼저 잡아라. 그러면 한 권을 다 읽었다는 성취감을 좀 더 쉽게 느낄 수 있다. 그래야만 자신감을 갖고 또 다른 책에 도전할 수 있다.

한 권을 끝마치고 나면 또 읽고 싶은 욕구가 생길 것이다. 운동을 처음 시작하는 사람이 너무 먼 거리를 뛰겠다고 과욕을 부리면 금방 지쳐서 포기해 버리게 되고 다시 도전하고 싶다는 의욕이 생기지 않는다.

독서도 마찬가지다. 차근차근 분량을 늘여 가며 독서의 근육을
강화시키는 것이 중요하다.

여러 권의 책을 동시에 읽어라

모든 사람에게 적용되는 것은 아니지만 나에게는 썩 유용한 독
서 방법이다. 나는 보통 한 번에 3~5권 정도의 책을 동시 다발적
으로 읽는다. 모두 다른 부류(장르)의 책들이다. 아침에는 에세이
라든지 인문학처럼 생각을 많이 필요로 하는 책들을 읽고 오후
에는 가능하면 쉽고 가벼운 소설이라든지 자기계발서 같은 책
을 읽는다. 몰입하기 시작해서 한 번에 끝내기도 하지만, 그 당시
상황에 맞지 않거나 느낌이 다가오지 않는 책은 손에서 놓고 다
른 책을 읽기도 한다. 흥미 없는 책을 손에 쥐고 미적거리다 결국
에는 그 책을 다 읽지 못할 뿐만 아니라 더 이상 책을 읽지 않게
된다. 선택의 폭을 조금 넓혀 놓고 책을 읽으면 책과 좋은 친구가
될 수 있다.

기록, 기록, 기록하라

책을 읽을 때 마음에 다가오는 새로운 느낌과 감동이 있다. 그
럴 때마다 밑줄을 긋든 하이라이트 표시를 하라. 나중에 그 글들

을 다른 노트에 옮겨 적으라. 어떤 분들은 책 앞쪽에 있는 여백에다 적어 놓는다고 한다. 독후감이 아니어도 좋다. 자기 나름대로 느낀 점들을 간단하게 몇 줄이라도 적어 놓으라. 독후감을 쓰려고 하면 그 자체가 부담이 되고 엄두가 나지 않을 수도 있다. 최소한 몇 줄이라도 생생한 느낌과 감정을 기록해 놓으면 좋은 감동의 스토리를 가지고 살 수 있다. 요새는 SNS 상에 자신들의 독후감을 써서 포스팅을 하는 친구들이 많다. 아주 좋은 현상이라고 생각한다. 다른 사람들의 댓글과 호응을 통해서 독서에 대한 애착을 더 가질 수 있다.

다음으로 독서 목록을 만들어 보라. 내가 지금까지 얼마나 많은 책들을 읽었는지 자신을 되돌아볼 수 있다. 한 발 더 나아가 그 목록에 위에 언급했듯이 간단하게 느낀 점들을 적어 두거나 좋은 글들을 모아 두어 보라. 그리고 인생의 난관에 부딪혔을 때 그것을 들추어 보라. 그러면 새로운 힘을 얻을 수 있을 것이다. 정리는 느낌과 감동을 다시 한 번 되새기는 작업이다.

크리스의
인생레시피

책 Books

책은 인생에서 가장 좋은 친구가 될 수 있다. 그러나 세상의 모든 일이 다 그렇듯 독서도 익숙하지 않은 사람들에겐 친숙해지기란 쉽지 않다. 앞서도 언급했듯이 찬찬히 독서의 근육을 강화할 필요가 있다. 그렇다면 어떻게 해야 책과 친해질 수 있을까. 다음과 같은 방법을 시도해 보라.

Recipe 1 당장 서점으로 달려가라

내 마음에 들어 읽고 싶은 책을 읽어라. 이 순간에 내 마음을 잡아당기는 책을 붙잡아라. 최소한 서너 권을 골라라.

Recipe 2 함께 책을 읽을 친구를 만들어라

서로에게 도전과 격려가 될 수 있다. 혼자 하다 보면 지쳤을 때 포기하기가 쉽다. 이때 나를 끌어당겨 줄 친구를 만들라는 말이다! 독서 클럽 같은 동아리에 가입하면 좋다. 책을 좋아하는 친구들 곁에 있다 보면 좋은 책을 많이 알게 되고, 읽게 된다.

Recipe 3 나누고 알려라

SNS를 적극 활용하라. 페이스북이나 트위터에 감동받은 책의 한 부분을 올려라. 그리고 나의 느낌을 간단하게 달아도 좋다. 또는 독후감 형식으

· 라이프 업

로 짤막하게 책 소개를 해도 좋다. 영화에 대한 소개와 후기는 SNS에 많이 올라오지만 책에 대한 포스팅은 보기 드물다.

Recipe 4 서점과 가까이 지내라

서점에 정기적으로 가는 것을 습관화하자. 견물생심이란 말은 책에도 적용된다. 보면 사고 싶다. 관심이 생긴다. 한 달에 최소한 한두 번씩 서점을 방문해서 책에 대한 관심을 가져 보자.

7장

멘토

Mentor

· · · · ·

아버지로부터는 생명을 받았으나 스승으로부터는 생명을 보람 있게 하기를 배웠다.

_플루타르코스(Plutarchos)

높은 산과 깊은 강을 건너갈 때 인생의 가이드

멘토라는 단어를 생각하면 머릿속에 많은 사람이 스쳐 지나간다. 나의 삶에 영향력을 끼친 많은 사람들이 있기 때문이다. 지금의 내가 있기까지, 내가 이 정도의 인간이 될 수 있었던 이유는 인생의 멘토들을 만났기 때문이다. 그분들은 전인격적으로 내 삶에 지대한 영향력을 끼친 좋은 분들이다. 아마 그분들이 없었다면 지금 나는 어떤 모습으로 살아가고 있을까?

내가 대학교를 다니던 시절에는 멘토, 멘티, 멘토링이라는 단어를 들은 기억이 없다. 하지만 지난 10여 년간 멘토링의 중요성을 새로이 인식하고 기업, 공동체, 학교에서 멘토링에 대해 많은 자원과 열정을 투자하고 있다. 본인 스스로의 노력과 열정만으로는 분명 부족한 부분이 있다. 이때 인생을 먼저 겪어 본 선배들의 조언이 있다면 그 부족한 부분을 채울 수 있고 시행착오 없이 삶을 살아갈 수 있기 때문이다. 멘토링 과정에 집중하는 것은 좀 더 역량 있는 인재를 길러 내는 데에 가장 효과적인 방법이다.

나는 지난 20여 년간 목회자로서, 교수로서 많은 젊은이를 만났고 그들의 멘토 역할을 해 왔다. 그들과 많은 시간을 보내며 그들의 이야기를 들으면서 함께 울기도 하고 웃기도 하며 함께 고민하고 그들의 미래를 함께 꿈꾸며 계획했다. 그리고 많은 청년이 나의 멘토링을 통해 변화되고 성장하는 과정을 지켜볼 수 있었다. 이것은 내가 어린 날 나를 이끌어 주었던 분들에게 진 빚을 갚는 일이었다. 동시에 나 스스로에게 그들의 인생을 빚는 데에 조그만 역할을 해 왔다는 자부심을 갖게 해 주었다.

세상은 결코 혼자 살아갈 수 없다. 서로가 서로에게 기댈 수 있어야 하고 때로는 서로를 당기고 이끌어 줄 수 있어야 한다. 멘토란 단순히 인생의 선배나 스승의 역할과는 결이 좀 다르다. 인생에서 진정한 멘토를 만난다면 삶은 근본적으로 바뀔 수 있다. 진정한 멘토는 바로 한 치 앞도 볼 수 없는 암흑 같은 인생에 자신 있게 앞으로 뚜벅뚜벅 걸어 나갈 수 있도록 빛을 비춰 주는 등불이 될 수 있음을 명심하자.

마시멜로 이야기

　멘토를 생각하면 나에게 제일 먼저 떠오르는 스토리는 《마시멜로 이야기》(호아킴 데 포사다, 엘렌 싱어 지음)이다. 이만큼 멘토링에 대해 쉽게 잘 설명해 주는 책이 없다. 이 책에는 두 명의 주인공이 등장한다. 한 기업의 사장이며 억만장자인 조나단과 그의 리무진 운전사 찰리.

　조나단은 아무런 생각이나 꿈도 없이 하루하루를 살고 있는 운전사 찰리에게 마시멜로 실험에 대한 실화를 이야기해 준다. 그 이야기는 '미래의 보상과 더 큰 만족을 위해 당장의 욕구 충족을 미룰 줄 아는 의지가 필요하다'라는 내용이었다. 그 이야기를 들은 찰리는 이런 고백을 한다. "저는 늘 내일보다는 오늘의 만족을 위해서 살아온 것 같아요. 그러니까 제게는 진정 내일은 없었던 거죠. 그래서 언제나 오늘이 반복되는 삶이었군요. 이제야 비로소 마시멜로 실험의 진정한 의미를 알 수 있을 듯합니다."

이 깨달음을 통해 운전사 찰리는 새로운 삶을 살기로 결심한다. 그리고 그런 의지를 가진 찰리에게 조나단은 기회가 있을 때마다 인생을 주도적으로 살아가는 방법에 대해 전해 준다. 자신이 살아 왔던 인생 이야기를 통해서 삶의 교훈을 나눈다. "인내는 쓰다. 그러나 열매는 달다." "저축도 중요하지만, 무언가를 이루겠다는 꿈이 더 중요하다." "지상에서 가장 훌륭한 양식은 책이다. 시간이 날 때마다 손에서 책을 놓지 말라." "내일의 성공을 위해서 나는 오늘 무엇을 할 것인가?"

결국 운전사 찰리는 변화된 인생을 살게 되고 마침내는 한때 포기했던 꿈의 대학에 진학하면서 새로운 인생을 시작한다. 진정한 멘토를 만남으로써 한 사람의 인생이 긍정적으로 변화하게 된 것이다. 우리에게도 누군가 이런 인생의 멘토가 있다면 우리의 삶도 지금보다 훨씬 긍정적인 방향으로 나아갈 수 있지 않을까.

여러분에게는 인생 길잡이가 필요하다

'멘토(Mentor)'를 다른 말로 인생 길잡이라고 한다. 옥스퍼드 영영사전은 "멘토는 경험 있고 신뢰할 수 있는 조언자(Mentor is an experienced and trusted adviser)"라고 정의한다.

고대 그리스의 왕인 오디세우스가 전쟁에 나가면서 친구에게 자신의 아들 텔레마코스를 부탁하고 갔다. 친구는 왕의 아들을 자신의 아들처럼 정성을 다해 훌륭하게 키웠다. 10년 후에 오디세우스 왕이 돌아왔을 때 텔레마코스가 훌륭한 청년으로 성장한 것을 보고 자신의 아들을 잘 교육시킨 친구 멘토를 크게 칭찬했다. 그 이후로 멘토의 이름은 지혜와 신뢰로 한 사람의 인생을 잘 이끌어 주는 조언자를 의미하게 되었다.

우리는 누구를 막론하고 영향력을 끼치거나 받으며 산다. 인생이라는 여정에서 만나는 수많은 사람은 우리의 삶에 크건 작건 영향력을 끼치며 우리를 빚는다. 친구, 동료, 선생, 교수, 지도자, 배우자, 후배, 선배, 연예인, 정치인, 종교인, 저자. 선한 영향력을 끼치는 이들을 통해서 우리는 삶의 의미를 더욱더 깊이 깨닫고 느끼게 된다. 우리의 삶을 풍요롭게 하며 행복한 길로 인도하는 길잡이가 된다.

우리는 어린 시절에는 친구가 우리에게 막대한 영향력을 끼친다는 사실을 안다. 친구가 하는 말을 흉내 내고, 친구가 좋아하는 운동을 좋아하며, 친구가 좋아하는 책도 좋아한다. 마치 친구가 인생의 전부인 듯 보인다. 친구들에 의해서 모든 것이 좌우된다. 그러다가 청소년 시절에는 연예인이나 운동선수 같은 일명 스타들을 열광적으로 좋아한다. 그러나 이것도 청년의 시기를 지나면서 시들해지고 내가 꿈꾸며 나아가는 길에 도움이 될 수 있는 사람들을 생각하게 된다. 과연 나는 어떤 사람이 될 것인가? 어떤 사람이 되고 싶은가? 그런 고민을 할 때 떠오르는 사람은 누구인가? 지금까지 나에게 꿈을 심어 주고 내 길을 가도록 도와준 사람은 누구인가? 그런 사람이 떠오른다면 그분이 바로 멘토이다.

인생의 여정에서 좋은 친구를 만나면 인생이 행복하다. 좋은 지도자를 만나면 삶에 꿈과 목표가 생긴다. 좋은 멘토를 만나면 그 꿈에 훨씬 가까이 다가갈 수 있다.《마시멜로 이야기》의 사장 조나단처럼, 텔레마코스의 스승 멘토처럼 누군가 내 곁에서 내 삶에 필요할 때마다 적절한 조언과 삶의 지혜를 나누어 줄 수 있다면 얼마나 좋을까!

젊은이들에게 인생의 멘토가 필요하다. 이 복잡하고 어려운 인생을 홀로 가기란 여간 힘든 것이 아니다. 홀로 가서도 안 된다. 먼 여행을 떠나는 사람이 지도와 나침반을 꼭 가지고 가듯이 여러분에게는 인생 길잡이가 함께 가야 한다. 이것은 선택이 아니라 필수이다.

멘토는 우리를 행복하게 하기 위해 있는 것이 아니라 그들이 알고 있는 최고의 지식으로 우리를 안내하기 위해 있는 것이다.

_사미라 디안드라데(Samira DeAndrade, 디젤사 홍보담당 이사)

크리스의 열정 스토리 3

내 인생의 여정에 만난 멘토들을 되돌아보았다. 지금의 내 모습으로 오기까지 크고 적게 영향력을 끼친 사람들이 있었다. 그들이 내 삶에 있지 않았다면 나는 과연 어디로 지금 가고 있을까? 나는 어떤 삶을 지금 살고 있을까? 과연 나는 지금 어떤 모습일까?

정서적으로 가장 민감하고 방황하기 쉬운 청소년 시절, 더욱이 미국이라는 낯선 땅에서 고군분투하던 그때 내게 삶의 목표와 꿈, 비전을 갖도록 이끌어 주신 분들이 있었다. 대학 시절 크리스천으로서의 신앙과 삶 그리고 인격이 어떤 모습인지를 보여 주셨던 교수님이 계셨다. 20대를 지나면서는 정말 좋은 친구들을 통해 내 인생에 도전을 받았다. 한 친구는 문제를 직면하지 못하는 나의 모습을 보며 쓴소리를 해 주고 삶의 문제를 꿰뚫어 보는 놀라운 통찰력의 소유자였다. 또 다른 친구 하나는 삶에서 나눔이 손해가 아니라 기쁨이며 축복이라는 것을 보여 주었다. 그리고 교회라는 현장에서 묵묵히 섬김과 희생이 무엇인지 삶으로 보여 준 분이 있다. 인생을 단순하게 살며 나를 지지하고 믿어 주신 분이 있었다. 가슴을 열어 놓고 진지하게 우리의 삶을 이야기하며 나누었던 좋은 친구들. 나의 가능성과 잠재력을 믿고 밀어 주신 분. 부지런함과 게으름의 차이를 삶으로 보여 주셨고 '지는 게 이기는 것'이라는 인생의 가장 중요한 철학을 일깨워 주신 부모님. 지혜 있게 조언과 충고를 하며 꿈을 향해 함께 걸어가고 있는 나의 아내.

위에 언급한 분들은 짧은 시간 만난 사람들이 아니었으며 대부분 지금까지 지속적인 관계를 유지하는 분들이다. 이런 만남이 내 인생에 없었다면 나는 지금보다 훨씬 못난 존재가 되었을 거라는 생각이 든다. 인생의 좋은 멘토들을 인생의 한복판에서 그리고 전환점에서 만날 수 있었다는 사실이 내 인생에서 가장 큰 축복이었다.

멘토, 이렇게 한 번 생각해 보자

일반적인 멘토와 멘티로서의 관계인 멘토링이 아니라 한 개인에게 선한 영향력을 꾸준히 끼치는 사람을 멘토로 생각해 보자는 것이다. 요즘처럼 바쁘고 복잡한 사회에서 누군가에게 꾸준한 시간과 열정 그리고 에너지를 계속적으로 투자할 수 있는 사람을 만나는 것은 결코 쉽지 않은 일이다. 진심으로 그 사람의 미래를 생각하며 함께 고민하고 도와주며 꿈을 성취하도록 함께하는 일을 누가 하겠다고 선뜻 나서겠는가?

멘토에 대하여 질문으로 쉽게 정의해 보자.

1. 나에게 진심으로 관심을 갖는 사람들이 있는가? 나의 미래를 생각하며 도와주려는 사람들, 사심 없이 내가 정말

잘되기를 바라는 사람들이 있는가?

2. 나에게 진심 어린 충고와 권면을 해 주는 사람들이 있는
가? 나에게 쓴소리를 해 주는 분들, 내가 듣고 싶지 않은
이야기를 해 주는 분들이 있는가?

3. 나의 잠재력과 가능성을 믿고 지지해 주는 분들이 주변에
있는가?

4. 내가 인격적으로 믿고 신뢰할 사람이 있는가?

5. 내가 가고자 하는 길에 미리 가 있는 분들 가운데에 내가
따르고 싶은 분이 있는가?

6. 인격적으로나 살아가는 삶의 방식에서 내가 배우고 싶은
분이 있는가?

7. 내가 느끼든 느끼지 못하든 내 인생에 선한 영향력을 끼치
는 분이 있는가?

일곱 개의 질문을 통해 멘토에 대해 좀 쉽게 다가갈 수 있도록
해 보았다. 만약 이런 사람이 한 명이라도 주변에 있다면 적극적
인 태도를 가지고 관계를 주도적으로 유지해야 한다.

이 책을 읽는 독자들에게, 특별히 젊은 청년들에게 내가 언제

든 찾아가 만날 수 있는 인생의 멘토를 최소한 한 명 정도 반드시
찾아보라고 강권한다.

하지만 결코 쉽지 않은 일이다. 누구든지 젊은이들의 인생에
관심과 열정을 투자하는 것을 망설이게 될 것이다. 그러나 포기
하지 마라! 내가 정말 존경하고 신뢰할 수 있는 분이 주변에 있다
면 그분과 좋은 관계를 맺고 유지하면서 자연스럽게 멘토와 멘
티의 관계로 발전시켜 나아갈 수 있다.

《하워드의 선물》에서 주인공 하워드는 자신의 멘티인 에릭에
게 멘티의 적극성과 주도적인 태도에 대하여 다음과 같이 조언
한다.

"아무리 멘토를 필요로 해도 수동적인 태도를 취하는 사람에
게는 그런 기회가 오지 않겠지. 문을 두드릴 의지가 없는 자
에게 문이 저절로 열리지는 않을 테니까. 아이작 뉴턴이 그
랬던가? '내가 남들보다 좀 멀리 봤다면 그건 거인들의 어깨
위에 서 있었기 때문이다'라고 말이야. 누군가의 도움을 얻
고자 한다면 거인부터 찾아야 해. 자신이 걷고 있는 길을 먼

저 걸었던 그 거인의 어깨 위에 올라서야 비로소 길이 보일 테니까. 그러니 스스로 어떤 사람을 찾고 있는지, 어디에서 그런 사람을 찾을 수 있는지를 진지하게 생각해야 해. 그런 다음 멘토와의 관계를 구축하고 유지하기 위해 기꺼이 시간과 에너지를 투자할 수 있어야겠지."

어깨 위에 서 있고 싶은 거인은 누구인가?
구하라! 찾아라! 문을 두드려라! 누가 대신 구해 주지 않는다. 누가 대신 찾아 주지 않는다. 누가 대신 문을 두드려 주지 않는다. 네가 하지 않는다면 말이다!

· 라이프 업

멘티로 살아라

인생에서 멘토를 둔다는 것은 평생 배우며 살겠다는 겸손한 삶의 태도이다. 누군가의 멘티가 된다는 것은 그분의 생각과 통찰력을 따르겠다는 겸손한 자세를 갖추는 것이다. 누군가의 음성을 듣고 경청하며 그 말에 움직이고 변화하는 데에는 진정한 용기가 필요하다.

"세 사람이 길을 가면 반드시 나의 스승이 있으니, 그중 선한 자를 가려서 따르고, 그 선하지 못한 자를 가려서 자신의 잘못을 고쳐야 한다."

공자님이 하신 말씀이다.

배우고자 하는 태도만 있으면 좋은 것은 본받고 나쁜 것은 버려야 한다는 의미로 좋은 것도 나쁜 것도 나의 스승이 될 수 있다는 뜻이다.

이런 삶의 태도를 가지고 산다면 나의 삶이 분명히 업그레이드되고 나아질 것이다. 그 반대로 교만한 생각과 자만에 빠져 남을 비판하고 비난할 때 내 인생에 나아지는 건 없다. 불평하고 불만을 토로해서 내 인생을 업그레이드할 수 없다.

무엇보다 책의 멘티가 되어라. 6장에서도 언급했듯이 책이야말로 새로운 세계를 여는 데 도움이 되는 가장 훌륭한 도구이다. 우리에게 배움을 줄 수 있는 선생이다. 멘토이다. 책으로부터 오는 감동은 우리의 삶에 자극이며 변화에 중추적인 역할을 할 수 있다고 믿는다. 책으로부터 배워라! 부탁이다! 책이 여러분에게 해 줄 수 있는 것은 여러분이 상상하는 것 그 이상으로 더 크고 위대하다!

우리가 지금 알고 있는 것보다 더 잘할 수 있도록 감동과 영감을 줄 수 있는 누군가가 필요하다. 내가 죽는 날까지 내 삶에 자극과 감동, 영감을 줄 멘토가 필요하다.

· 라이프 업

멘토가 되어라

"나에게 내놓을 것이 있는 한, 나는 그것을 마땅히 내놓아야 합니다." 《하워드의 선물》의 주인공인 하워드가 하버드 경영대학원 교수직에서 물러나면서 한 말이다. 바로 우리가 멘토가 되어야 할 이유이다. 우리가 살아가면서 배우고 느낀 것들은 우리가 노력해서 얻은 것이 아니라 누군가의 삶에서 배우고 흘러들어 온 선물이다.

우리도 언젠가는 누구의 멘토가 되어서 나에게 흘러들어 온 깨달음과 지혜를 흘러 보내야 한다. 이것이야말로 진정으로 행복하고 풍성한 삶을 사는 방법이다.

여러분은 젊다! 여러분의 인생을 되돌아볼 기회가 왔을 때, 여러분의 인생에 작고 큰 영향력을 끼친 사람들을 기억하게 될 것이다. 과연 그들이 여러분의 인생에 돈과 시간, 열정과 에너지를 얼마나 투자했는지, 그리고 그 일이 결코 쉬운 일이 아니었다는 사실을 깊이 깨닫게 될 것이다. 그날이 왔을 때, 여러분도 누군가에게 그런 사람이 되어 줄 수 있다면, 여러분은 그 순간 멘토가 된 것이고, 그 사람은 여러분의 멘티가 된 것이다. 어느 날 누군가가 여러분의 어깨 위에 올라설 수 있을 정도의 존재가 된다고 생각해 보라. 여러분의 삶은 정말 행복하고 의미 있으며 풍요로울 것이다.

꼭 그런 존재가 되라! 이 책을 읽는 모든 청년들이 꼭 그런 존재가 되길 소망한다!

이 책을 쓰게 된 이유 중 하나는 나도 누군가의 멘토가 되고자 했던 내 꿈을 것을 이루기 위함이다. 이 책은 나의 스토리이며 나의 삶이다. 이 책을 통해서 나는 주도적으로 살아온 나만의 삶의 방식을 나누었다. 이 책을 통해서 많은 청년에게 감동과 자극을 주고 청년들의 가슴을 울릴 수 있기를 바란다. 나의 지나친 욕심일 수 있겠으나 욕심을 부리자면 나는 이 책이 청년들의 인생에 가이드가 되어 멘토로 자리 잡히면 좋겠다.

레이첼은 두 제자(레이첼과 빅터)를 흐뭇하게 바라보았다.

"교통사고 이후 내 삶은 달라졌단다. 오늘이 지상에서 마지막 날일 수도 있다는 생각을 가지고 매일 후회 없는 하루를 살기 위해 노력했지. 너희도 임종하는 순간을 상상해 보렴. 과연 실패했던 일들이 후회가 될까? 아니, 절대 그렇지 않아. 오직 시도하지 않은 것만이 후회로 남지. 빅터, 사실 내가 너를 만나고 싶었던 이유도 후회 때문이었단다. 그때 나는 너를 너무 쉽게 포기했어. 나는 교사로서 최선을 다하지 못했고 그게 후회로 남았어. 나는 지금 하느님이 내게 그때의 실수를 만회할 기회를 주셨다고 생각한단다."

레이첼 선생은 한 손으로 빅터의 손을, 또 다른 손으로 로라의 손을 잡으며 말했다.

"이 세상에 완벽하게 준비된 인간이란 존재하지 않아. 또 완벽한 환경도 존재하지 않고, 존재하는 건 가능성뿐이야. 시도하지 않고는 알 수가 없어. 그러니 두려움 따윈 던져 버리고 부딪쳐 보렴. 너희들은 잘할 수 있어. 스스로를 믿어 봐."

_호아킴 데 포다사, 레이먼드 조의《바보 빅터》중에서

꼭 이런 멘토를 만나라! 여러분의 인생이 뒤집어지고 새로워질 테니 말이다!

멘토 Mentor

　　　　　　사는 동안 진정한 멘토를 만날 수 있는 사람은 많지 않다. 내 삶을 이끌어 줄 멘토를 운명처럼 만나는 행운은 그야말로 누구에게나 주어지는 기회가 아니라는 말이다. 그러나 내게 그런 기회가 오지 않았다고 해서 실망할 필요가 없다. 스스로의 노력을 통해 극복할 수 있기 때문이다.

읽고 분석하며 배워라

다음은 멘토링에 대한 아주 쉽고 좋은 책 목록이다. 이 열 권의 책들을 읽고 멘토가 나에게 줄 수 있는 인생의 유익들을 하나하나 정리해 보자. 멘토들은 어떻게 조언과 지도를 했고, 멘티들은 어떤 느낌을 가졌으며 행동으로 옮겼는지 연구해 보자.

1.《하워드의 선물》, 에릭 시노웨이, 메릴 미도우 지음
2.《마시멜로 이야기》, 호아킴 데 포사다, 엘런 싱어 지음
3.《모리와 함께한 화요일》, 미치 앨봄 지음
4.《HQ 해리 쿼버트 사건의 진실》, 조엘 디케르 지음
5.《청소부 밥》, 토드 홉킨스, 레이 힐버트 지음
6.《핑》, 스튜어트 에이버리 골드 지음

· 라이프 업

7.《칭찬은 고래도 춤추게 한다》, 켄 블랜차드 지음
8.《독서 천재가 된 홍대리》, 이지성, 정회일 지음
9.《바보 빅터》, 호아킴 데 포다사, 레이먼드 조 지음
10.《어떻게 사랑할 것인가》, 장영희 지음

Recipe 2 주도적이 되라

어느 날 갑자기 인생의 멘토가 내 눈앞에 나타나지 않는다. 구하고 찾으며 두드려야 한다. 내 주변을 둘러보라. 내가 존경하는 선생님, 교수님, 종교 지도자들 가운데 나의 삶에 기꺼이 그들의 시간과 열정을 투자해 줄 수 있는 분이 있는지 찾고, 찾고 또 찾아라. 삼국지에 보면 유비가 제갈공명을 얻기 위해 삼고초려(三顧草廬)를 한다. 유비는 지략에 뛰어난 제갈공명을 얻기 위해서 자신을 겸손하게 내려놓고 세 번이나 찾아가 결국에는 성공한다. 이런 태도와 이 정도 노력을 보여야 감동을 줄 수 있을 것이다.

Recipe 3 겸손하라

겸손하지 않으면 배울 수 없다. 남보다 내가 잘났다고 생각하는 사람이 무엇을 배울 수 있겠는가! 멘토링의 시작은 '나는 배워야겠다. 배워야 산다. 배워야 꿈을 이룰 수 있다'라는 갈망에서 비롯한다. 간절함이다. 안타까움이다. 이런 태도와 자세가 되지 않았다면 멘토를 찾을 수 없고, 멘티도 될 수 없다.

나의 라이프 업을 위해 함께한
열정적 사람들을 위해

하나

글을 쓴다는 것은 누구에게 항상 빚을 지는 일이다. 내가 쓰
는 이 모든 글은 분명 누구에게 빌려 온 것이기 때문이다. 내 생
각, 아이디어, 창의력, 통찰력은 결국 어디로부터 내 삶을 관통해
흘러내려 갔기 때문이다. 지금까지 내 여정을 스쳐 지나간 수많
은 멘토들, 어른들, 친구들, 제자들……. 나에게 긍정적이었든 부
정적이었든, 호의적이었든 비판적이었든 그들 모두가 내 인생을
빚었다.

둘

《라이프 업》은 나의 삶이다. 삶이 한 권의 책이 된 것이다. 내가
항상 가슴에 담고 다니는 울림을 글로 썼고, 마침내 한 권의 책으
로 출생 신고를 하게 되었다.

셋

백석예술대학교 제자들, 나의 강의에 환호성과 박수와 격려를 보내 준 나의 사랑스러운 제자들, 너희들 때문에 이 책을 쓰게 되었단다. 이 힘들고 어려운 세상에서 너희들이 정말 맛있는 인생을 살았으면 좋겠다.

넷

사랑하는 페이스북 친구들. 내 생각의 조각들을 나눌 때마다 '좋아요'와 '댓글'로 찾아와 주신 친구들. 한 번도 얼굴을 만난 적이 없지만 좋은 친구로 다가와서 멋지고 창의적인 댓글로 반응해 주신 수많은 친구에게 고맙다.

다섯

나의 부모님. 삶의 원리는 그분들에게서 배웠다. 어머니, 아버지께서 한결같이 하신 말씀이 있다. "아들아, 제발 겸손해라. 사람 차별하지 마라. 지는 게 이기는 거다. 부지런하게 살아라." 나는 인생의 모든 것, 그저 평범하고 단순하게 한평생을 사신 어머니, 아버지. 뒤를 돌아보니, 그분들에게 인생에 대한 모든 것을 배웠다. 어머니, 아버지는 내가 걸어온 인생의 발자취이다.

여섯

사랑하는 나의 자녀들, 너희들에게 항상 해 주었던 이야기인데. 아빠의 이야기가 너희들의 인생에 맛있게 스며 들어가기를 바란다. 그리고 이 책이 언젠가 영어로 번역되어 아빠의 삶과 생각이 너희 가슴 안에 울림이 되었으면 얼마나 좋을까!

일곱

"돈 못 버는 남편하고는 살아도 꿈 없는 남편하고는 살 수 없어!"라고 무심코 던진 아내의 말 한마디가 내 영혼에 각인되어 자유로운 영혼인 크리스를 날마다 꿈꾸게 한다. 나의 아내, 친구, 동반자, 멘토, 연인 그리고 세 자녀(크리스천, 죠수아, 글로리아)의 엄마인 크리스틴, 사랑하는 그대에게 이 책을 바칩니다.

독자 후기

《라이프 업》을 읽고 나서

제가 교수님을 처음 뵙는 자리에서 분명하게 느낀 것은 '아, 저분은 행복한 사람이구나'라는 것입니다. 신앙적인 부분을 떠나서라도 삶 속에서 감사가 느껴지는 기운을 단 5분만 얘기를 나누어 보면 알 수 있습니다. 이 때문에 그분의 책인 《라이프 업》은 행복으로 삶을 이끄는 데 도움을 주는 책임을 진정 부정할 수 없습니다.
_김동현(직장인, 디자이너)

《라이프 업》은 옆에서 이야기하듯이 전해지는 친밀감 있는 글이었습니다. 물론 임팩트도 있고요.

내용이 다가옵니다. 우선 태도, 습관, 가치. 이 세 가지는 인생을 마칠 때까지 깊이 새기고 습득해야 할 덕목이고, 열정과 지혜는 반드시 인생의 내적인 기반이 되어야 하며, 책과 멘토는 인생에서 외부로부터 도움을 얻을 수 있는 필수 요인이라고 생각합니다.
_조한규(주부)

문학만 좋아하는 책 편식쟁이인 내가 오랜만에 정독한 비문학 책 《라이프 업》. 딱딱하지 않은 문체 덕분에 더 쉽고 빠르게 여러 번 읽을 수 있었다. 나는 금방 불타오르는 열정적인 사람이지만 그만큼 금방 나태해지기도 하는데 그런 내가 항상 열정적인 모습을 유지할 수 있게 도와주는 가이드북.
_유나현(대학생)

하루 만에 후루룩 책장을 넘겨 볼 수 있었던 조크리스 교수님의 책. 이 땅, 아니 지구에 있는 모든 젊은이에게 커다란 힘이 될 책. 이 시대 최고의 멘토, 스타벅스 커피 두 잔 값으로 인생의 성공 비밀을 알 수 있는 놀라운 책!
_김병화(백석예술대 교수)

진짜 이렇게 술술 읽어지는 책은 오랜만인 것 같다. 그러면서 도전이 되는 책! 감동, 감동!!! 청년의 때에 꼭 필요한 지침서이다. 앞으로 이 책을 읽고 도전받은 마음으로 알차게 하루하루를 살아야겠다!
_박경미(대학생)

책을 덮으면서 나는 절대 공감했다! 방황하고 삶의 방향에 갈피를 잡지 못하고 있다고 생각하는 누구에게나 필요한 책이다. 뭔가 삶이 무료하고 갑갑한 사람, 아직 어리지만 뭔가 다른 삶을 꿈꾸는 학생들에게까지 인생의 커다란 아웃트라인을 만들어 줄 정말 좋은 내용이다!
_한지호(백석예술대 교수)

《라이프 업》은 열정이 솟아나 무언가라도 시작하게 만드는 힘이 생기게 하는 책이다! 마치 내가 안 읽고 쌓아 놓았던 책을 펴고, 빈 노트에 독서 목록과 느낀 것들을 쓰기 시작한 것처럼…. 긴 말 필요 없고 지금 바로 읽어라.
_진고은(대학생)

기독교 대학이라서 필수적으로 참석해야 하는 다소 딱딱할 수 있는 성경 수업과 예배 필수 교양 수업에서 우리 청년들에게 항상 용기와 희망을 주셨던 교수님. 책을 읽으면서 그때 그 수업에서 느꼈던 감동이 되살아났다. 우리에게 침이 튀도록(?) 가르치셨던 청년의 열정, 용기, 희망. 어느덧 까먹고 험난한 인생을 살아가는 나에게 이 책은 또 한 번의 용기와 희망을 주었다.

_노금미   (직장인)

두드러진 인생을 살아야만 성공했다고 말하는 것은 교만이고 지나친 자기 욕심이다. 성경 속의 많은 인물을 보더라도 그렇지 않다는 것을 매우 잘 알 수 있다. 성경이 보여 주는 인물들도 하나같이 첩첩산중에 요동치는 삶을 살았지만 하나님은 그들을 실패한 인생으로 평가하지 않는다.

《라이프 업》은 무엇이 열정적인 삶인지 보여 준다. 청소년기와 청년 시절에 낯선 이국땅, 광야에서 하나님께서 훈련시키고 다듬어진 과정을 인생의 후배들에게 들려주는 맛깔스럽고 즐거운 책이다. 이 책이 청소년들의 인생 속에서 'Seed Book'이 되기를 기도한다.

_윤명중(목사)

대학을 졸업하고 나서 내가 할 수 있는 일이 무엇인지 고민하면서 슬럼프에 빠져 있을 때였다. 채플 시간에 목사님께서 설교해 주셨던 내용이 생각났다. 특히 태도에 관한 내용을 보고 느낀 것이 많았다. 목사님의 주옥같은 이야기가 담긴 《라이프 업》은 한번 읽고 내용을 잊어버리는 것이 아니라 항상 손에 들고 다니면서 보고 느끼고 배울 수 있는 책이다. 맛있는 인생을 배울 수 있게 도와주셔서 감사하다!

_임지현(청년)

이 책이 어떤 책이냐고 한마디로 답하라면 "참, 맛있는 책이다!"라고 말할 것이다. 간결하면서도 영양가 만점인 아침상을 받은 기분이다. 상쾌한 출발이다. 끝까지 읽어 내려갔던 책이 얼마만인가! 태도, 습관, 가치, 열정, 지혜, 독서, 멘토라는 일곱 가지 단어로 요약한 저자의 삶을 엿볼 수 있는 맛있는 아침 밥상이다. 그리고 그 풍성한 조찬이 밑거름이 되어 이 책의 독자 역시 풍성한 런치와 디너에 참여하게 될 것이다.
_이범의(목사)

이 책을 화장품으로 비유하면 에센스, 보약에 비유하면 홍삼 엑기스 같은 책이다. 화학 조미료가 가미되지 않은 깨끗하고 담백한 맛이 나는 책이다. 저자의 삶을 그대로 녹여 말하고 삶에서 터득한 지혜를 나누어주는 아주 좋은 책이다. 특히 자녀들에게 필독서로 추천하고 싶다.
_배신정(강도사)

청년들을 위한 인생 지침서 《라이프 업》. 피곤하고 지친 젊은이들에게 희망과 용기, 신선하면서도 강력한 도전을 주는 메시지 그리고 사랑 어린 격려를 만날 수 있습니다.
_이광성(목사)

날마다 신앙 서적을 읽고 성경을 묵상하며 연구도 했지만, 깊은 절망 속에 있던 저를 발견하고 삶의 태도를 전환시켰던 책은 바로 자기 계발서였습니다. 그동안 수백 권의 책을 탐독했는데 이제 자기 계발에 대해 핵심적이고 맛있게 정리한 책이 나왔습니다. 수많은 자기 계발에 대한 시행착오와 자기 성찰을 거치면서 맛있고 행복한 삶을 사는 조크리스 교수의 《라이프 업》입니다. 이 책은 저자가 경험한 삶과 이론이 함께 정제되어 녹아난 책이기에 실제적이고 맛깔스럽습니다.
_장금복(목사)